宣統紀元己酉四月

吉林成氏家譜

宋小濂敬題

吉林卷氏家譜

宋小濂敬題

宣統元年己酉四月

總目

成氏家譜

總目

成氏家譜

世系篇第一

成氏家譜

史通斷限義判後先傚彼章例斷自始遷若晉若豫渺遠亡傳觥觥關東珠串蟬聯約衡于從名氏駢緐按圖定位釐然井然龍門史灋庶乎近焉譜 世系

按圖定位釐然井然龍門史遷庶乎近焉譜世系

河汾遼左傳稽殘缺蘭閩東林串彈聯絡衡于從各氏譜錄

史通斷限義例後先從彼章句斷自始遷若晉若梁

成氏家譜

世系譜第一

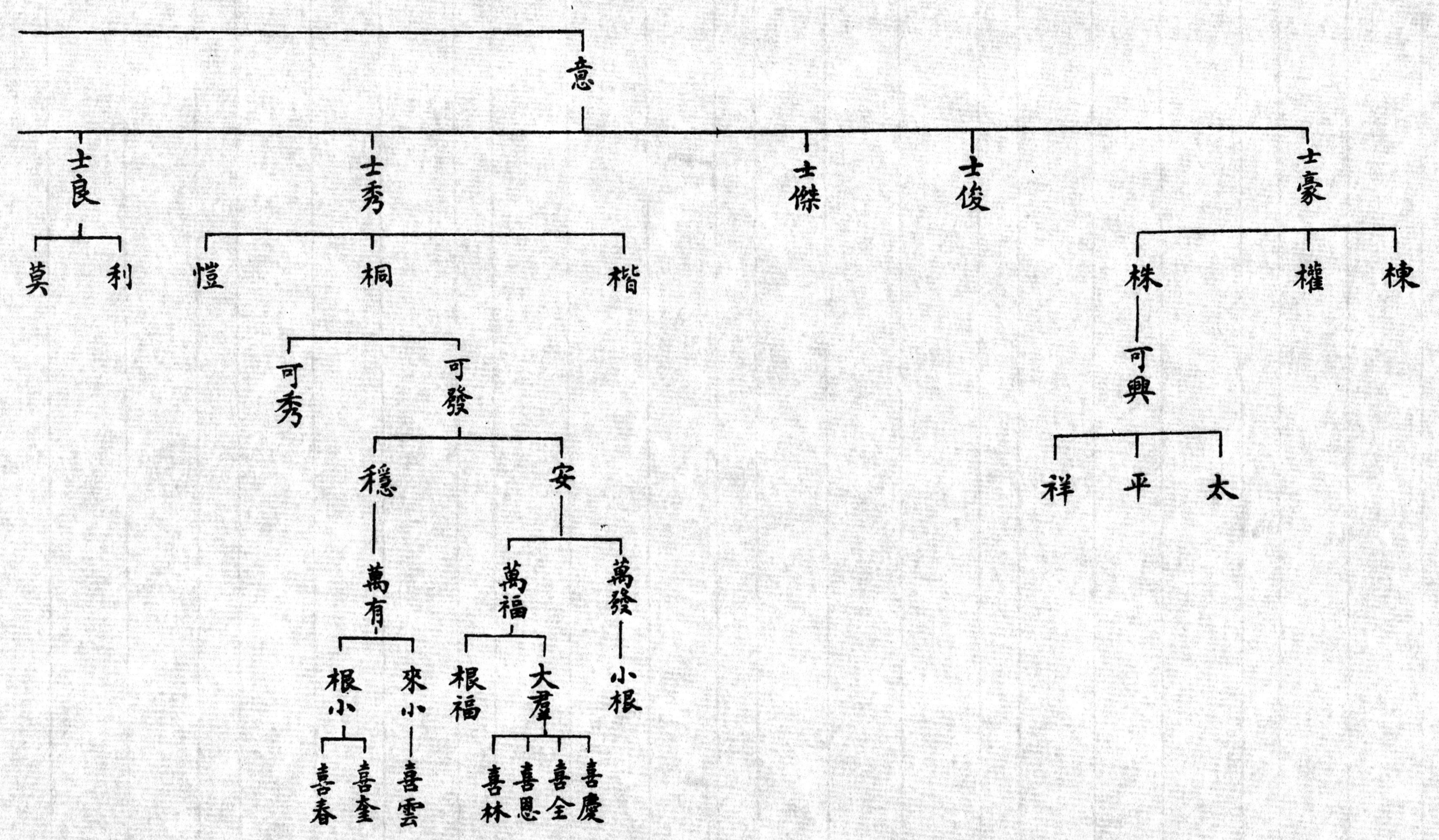

意
士良
士秀
士傑
士俊
士豪
莫
利
愷
桐
楷
株
權
棟
可秀
可發
可興
穩
安
祥
平
太
萬有
萬福
萬發
根小
來小
根福
大君
小根
喜春
喜奎
喜雲
喜林
喜恩
喜全
喜慶

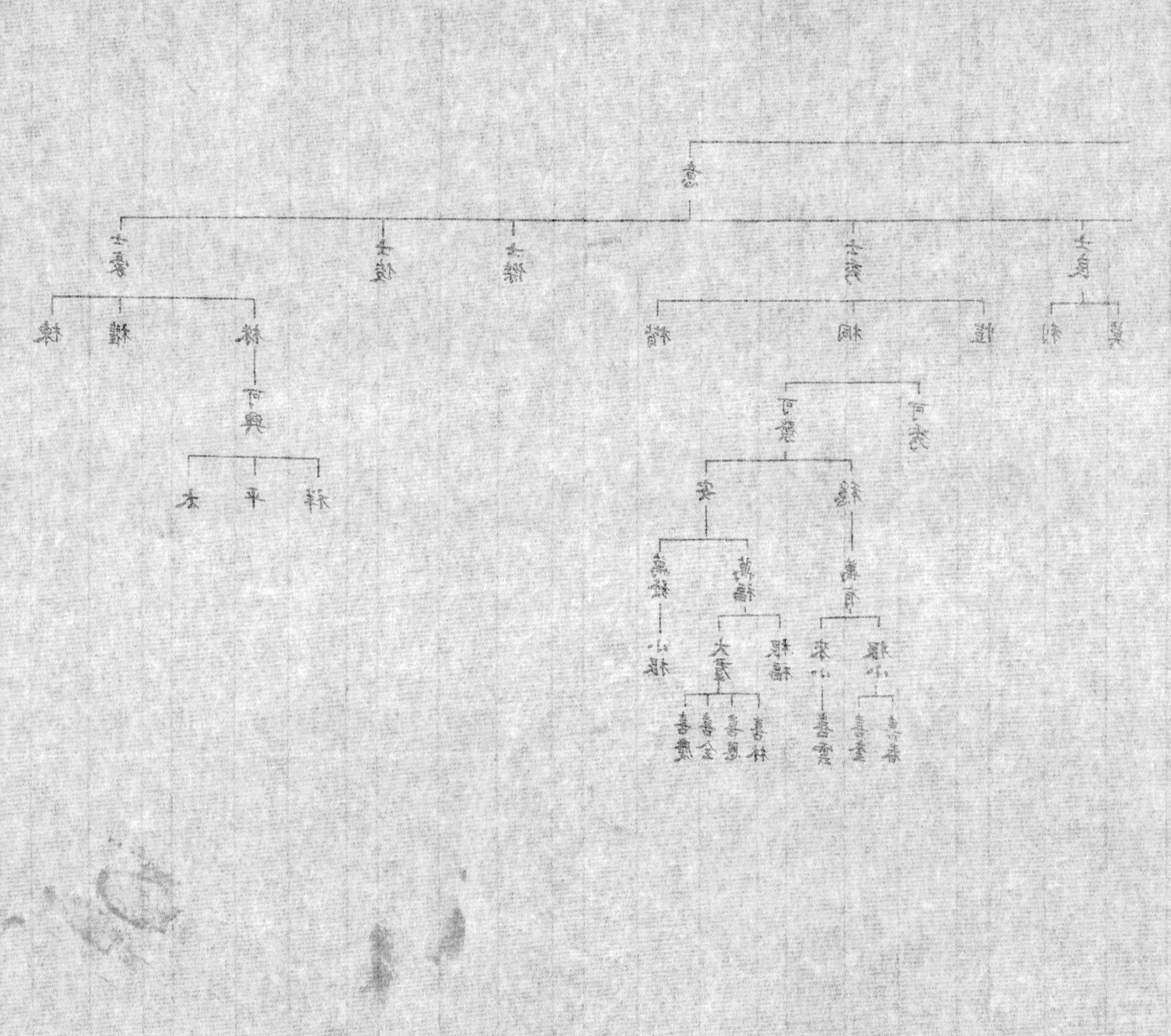

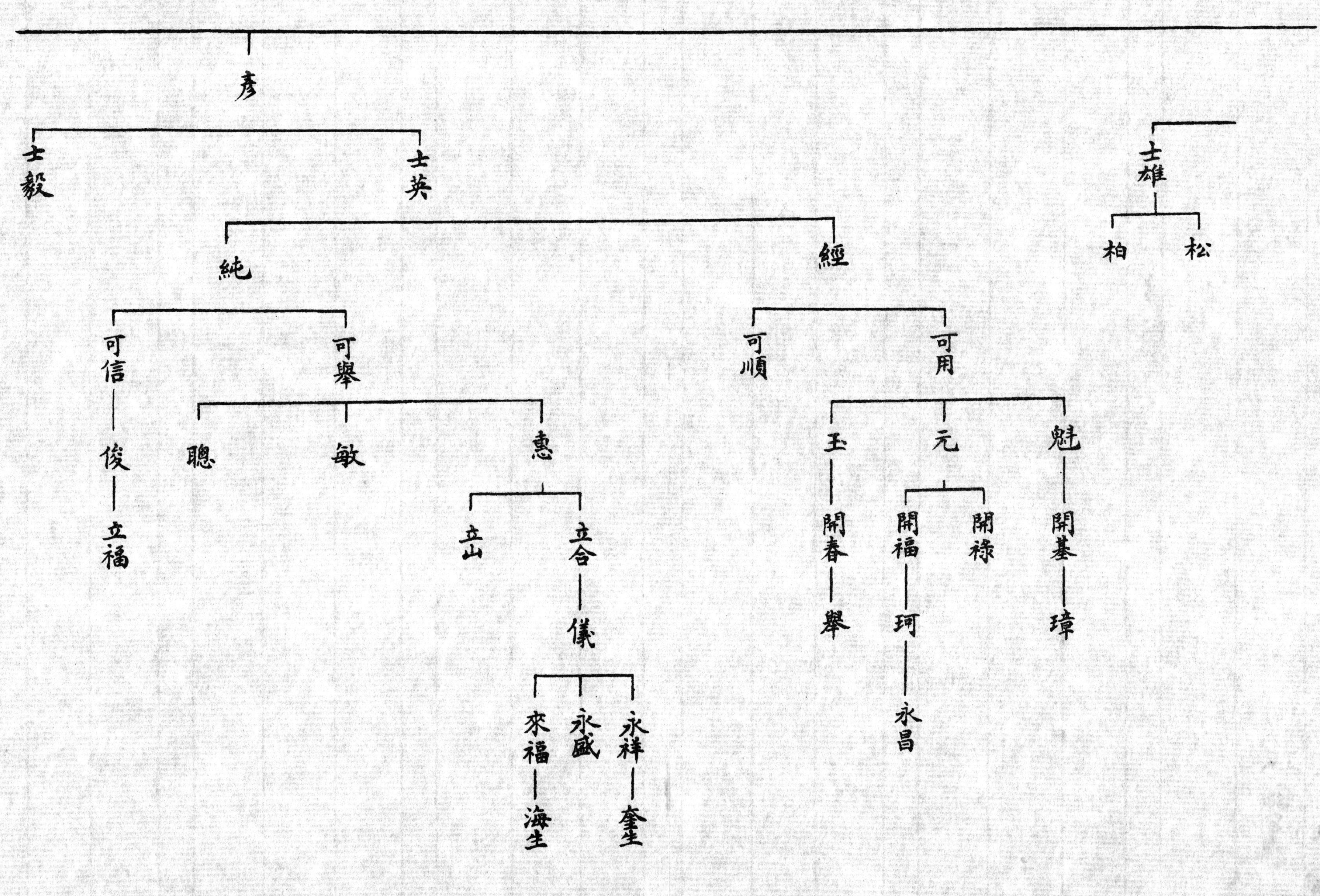

彥
士毅
士英
士雄
柏
松
純
經
可信
可舉
可順
可用
俊
聰
敏
惠
玉
元
魁
立福
立山
立合
開春
開福
開祿
開基
儀
舉
珂
璋
來福
永盛
永祥
永昌
海生
奎生

鳳鳴

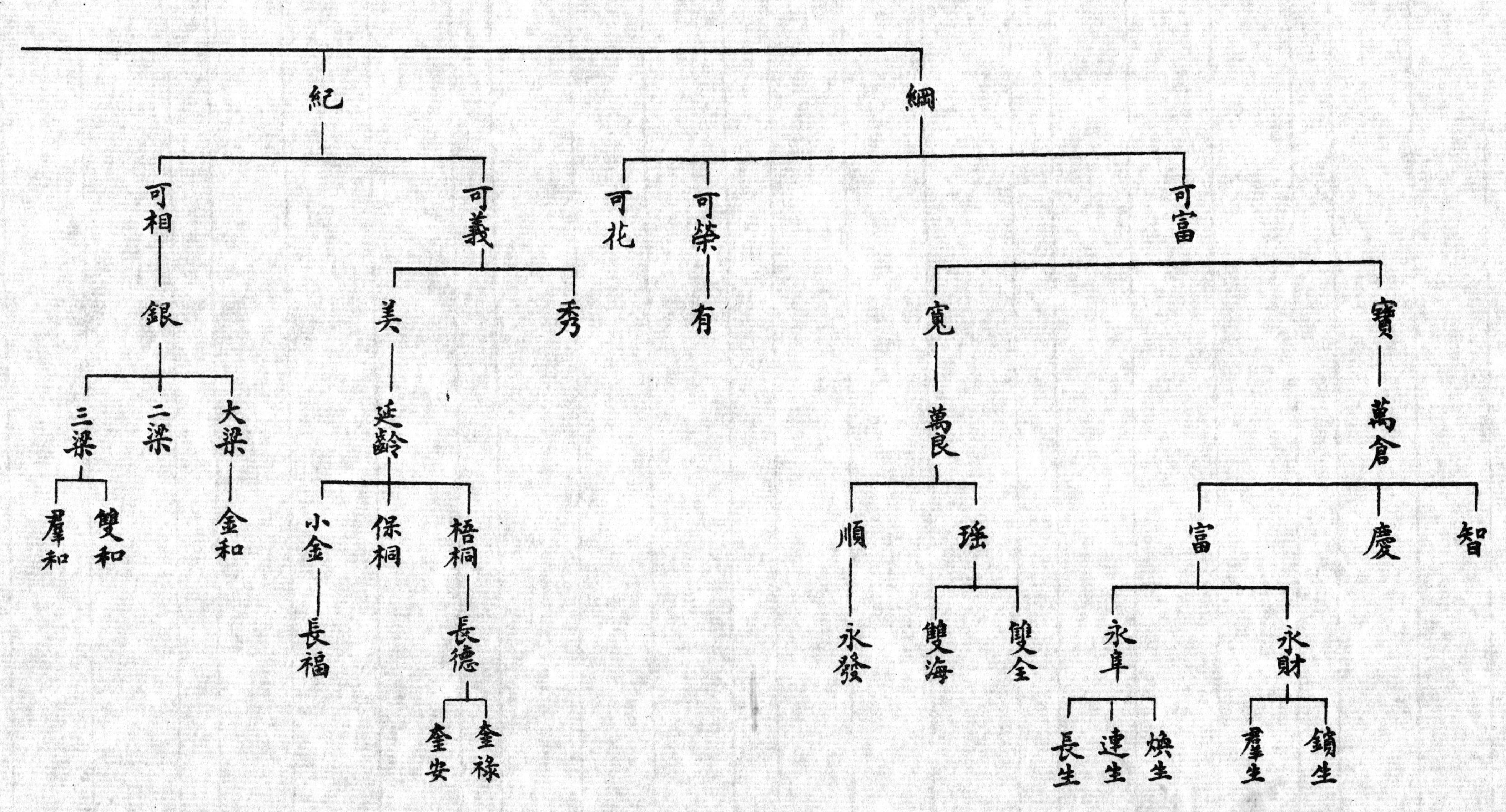

紀
綱
可相
可義
可花
可榮
可富
銀
美
秀
有
寬
寶
三梁
二梁
大梁
延齡
萬良
萬倉
羣和
雙和
金和
小金
保桐
梧桐
順
瑤
富
慶
智
長福
長德
永發
雙海
雙全
永阜
永財
奎安
奎祿
長生
連生
煥生
羣生
鎖生

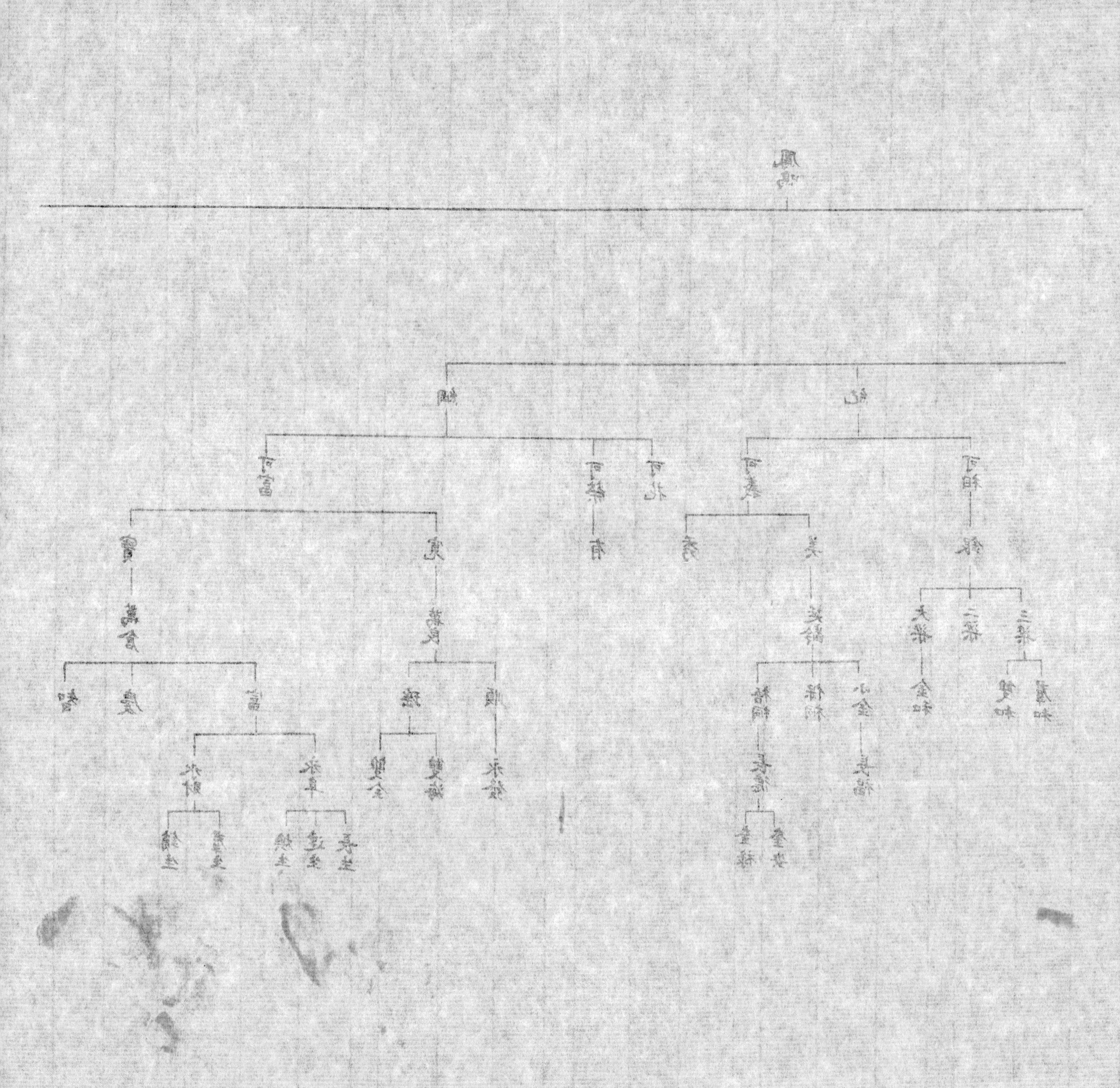

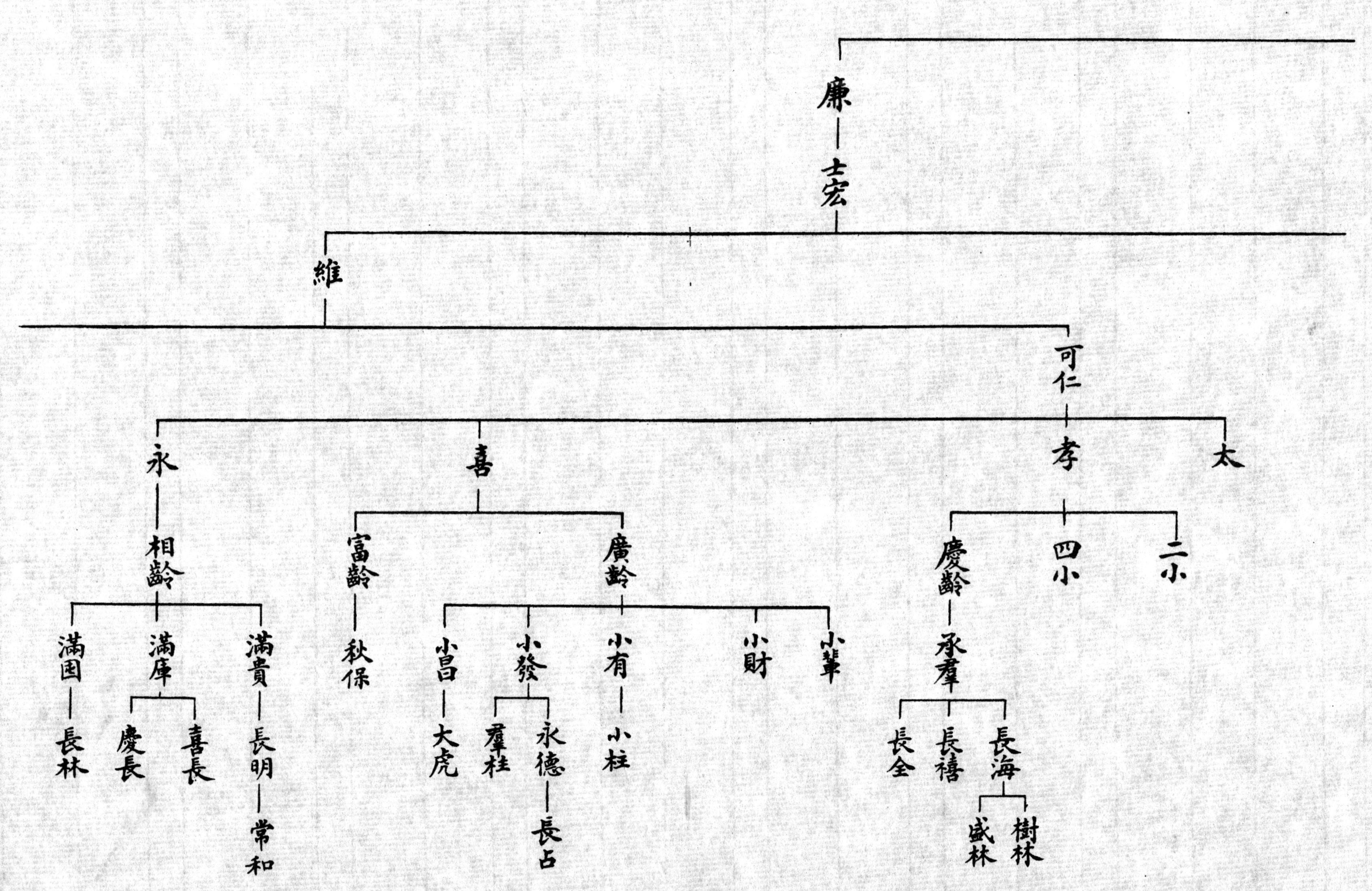

廉
士宏
維
可仁
永
喜
孝
太
相齡
富齡
廣齡
慶齡
四小
二小
滿囤
滿庫
滿貴
秋保
小昌
小發
小有
小財
小華
承羣
長林
慶長
喜長
長明
常和
大虎
羣柱
永德
長占
小柱
長全
長禧
長海
盛林
樹林

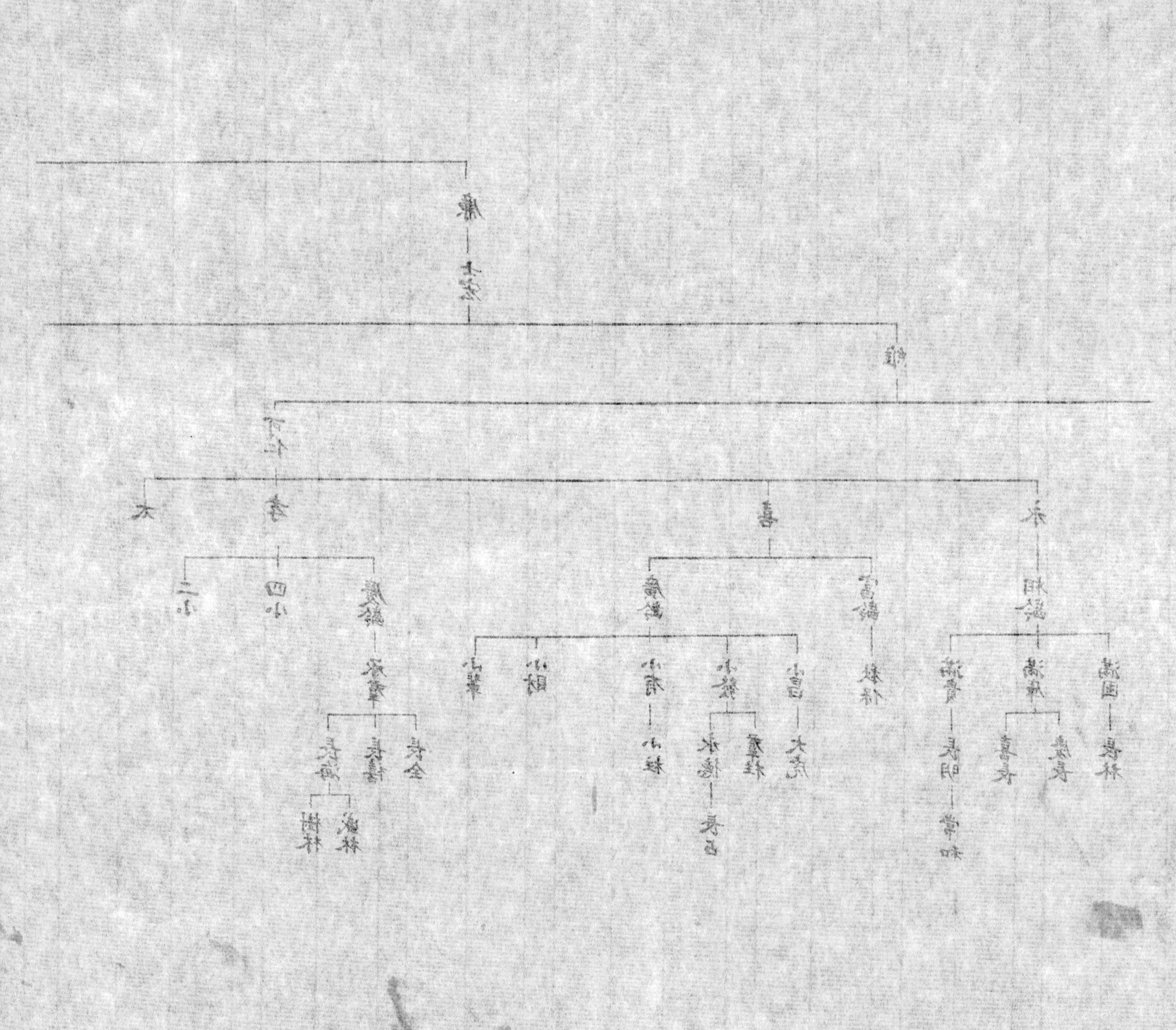

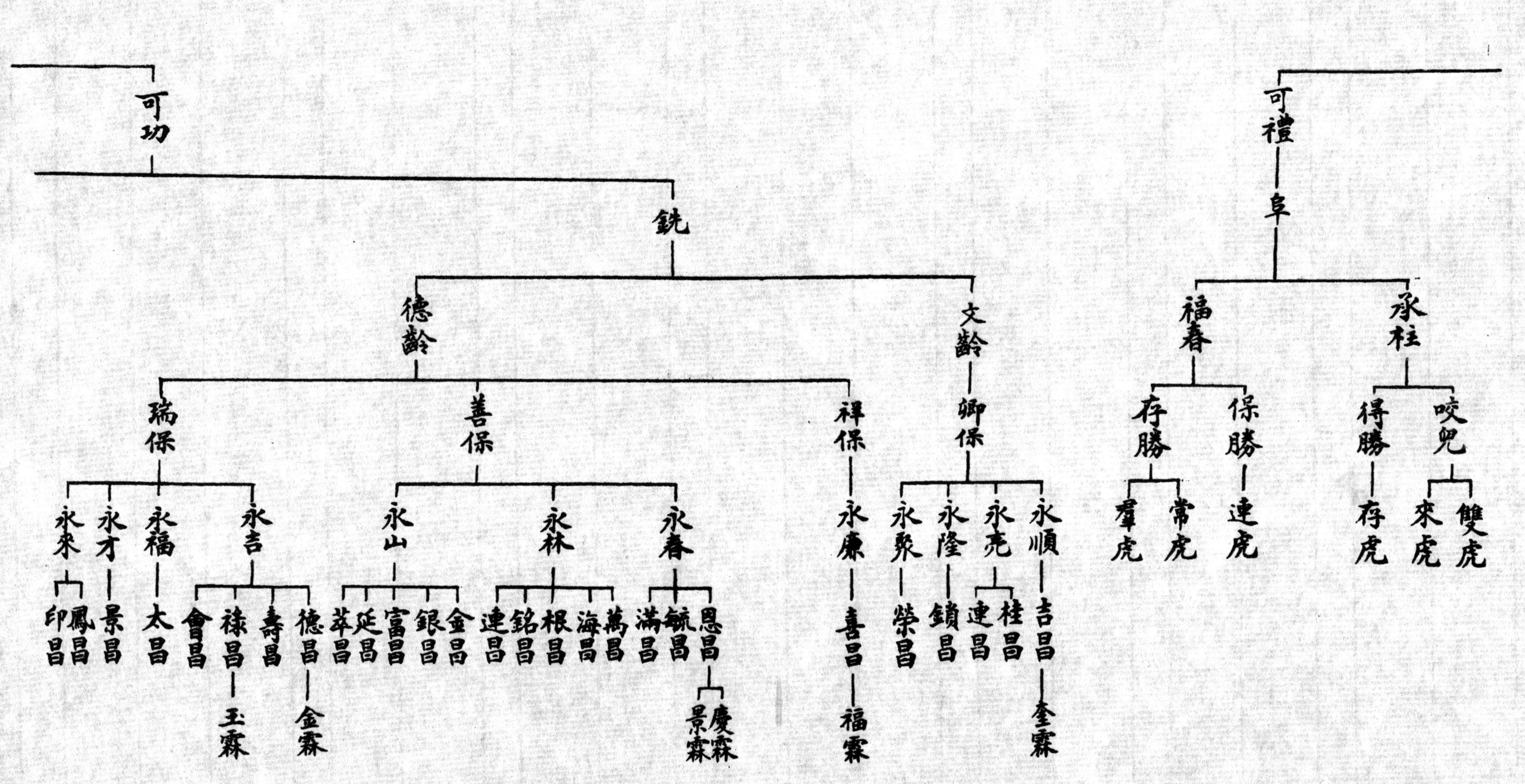

可功
銑
德齡
瑞保
永來
印昌
鳳昌
永才
景昌
永福
太昌
永吉
會昌
祿昌
玉霖
壽昌
德昌
金霖
善保
永山
萃昌
延昌
富昌
銀昌
金昌
永林
連昌
銘昌
根昌
海昌
萬昌
永春
滿昌
毓昌
恩昌
景霖
慶霖
祥保
永康
喜昌
福霖
文齡
卿保
永聚
榮昌
永隆
鎖昌
永亮
連昌
桂昌
永順
吉昌
奎霖
可禮
阜
福春
存勝
羣虎
常虎
保勝
連虎
承柱
得勝
存虎
咬兒
來虎
雙虎

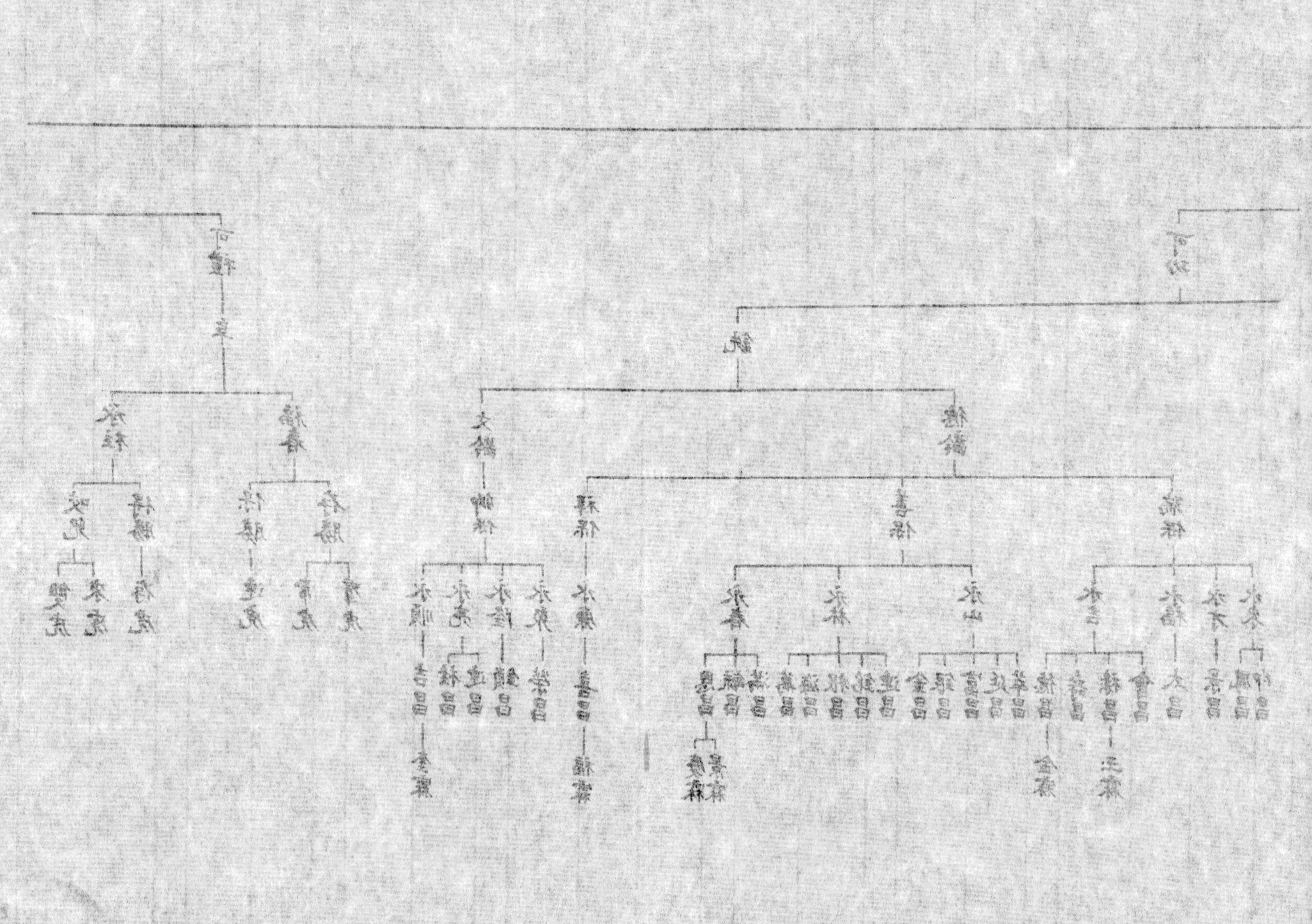

綠

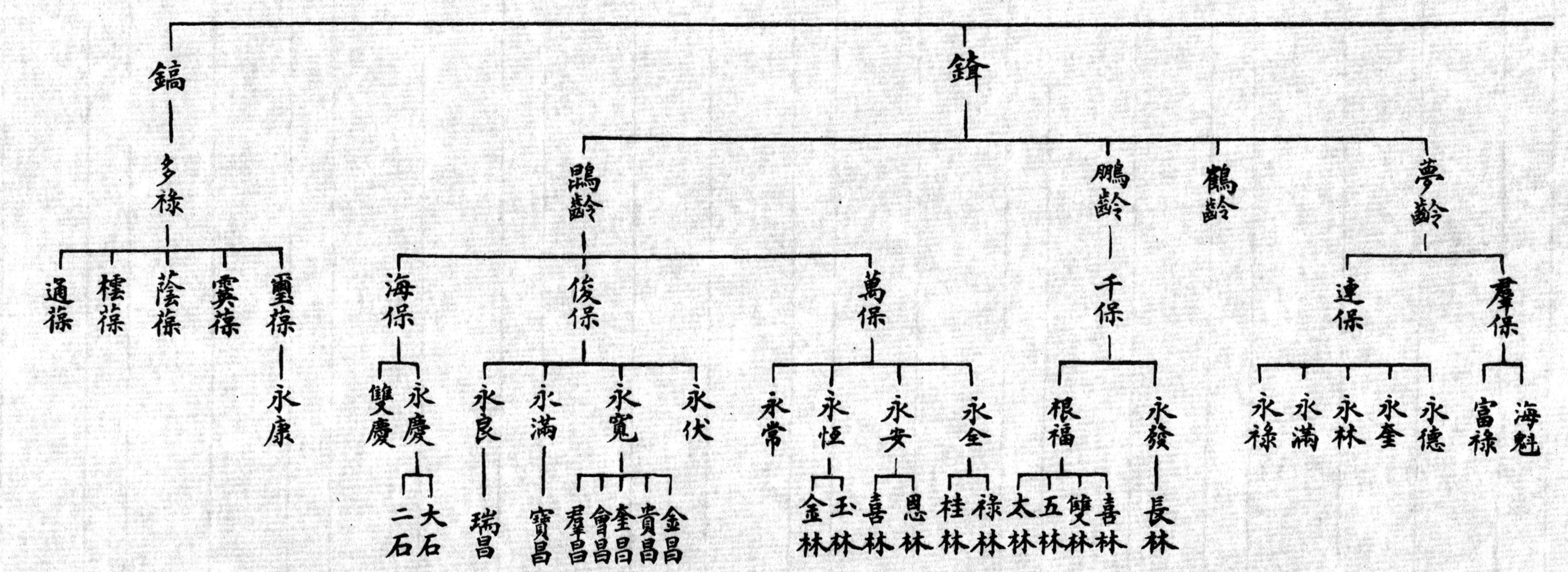
鎬
多祿
通葆
橒葆
蔭葆
霙葆
璽葆
永康
鋒
鶚齡
海保
雙慶
永慶
二石
大石
俊保
永良
瑞昌
永滿
寶昌
永寬
羣昌
會昌
奎昌
貴昌
金昌
永伏
萬保
永常
永恆
金林
玉林
永安
喜林
恩林
永全
桂林
祿林
鵬齡
千保
根福
太林
五林
雙林
喜林
永發
長林
鶴齡
夢齡
連保
永祿
永滿
永林
永奎
永德
羣保
富祿
海魁

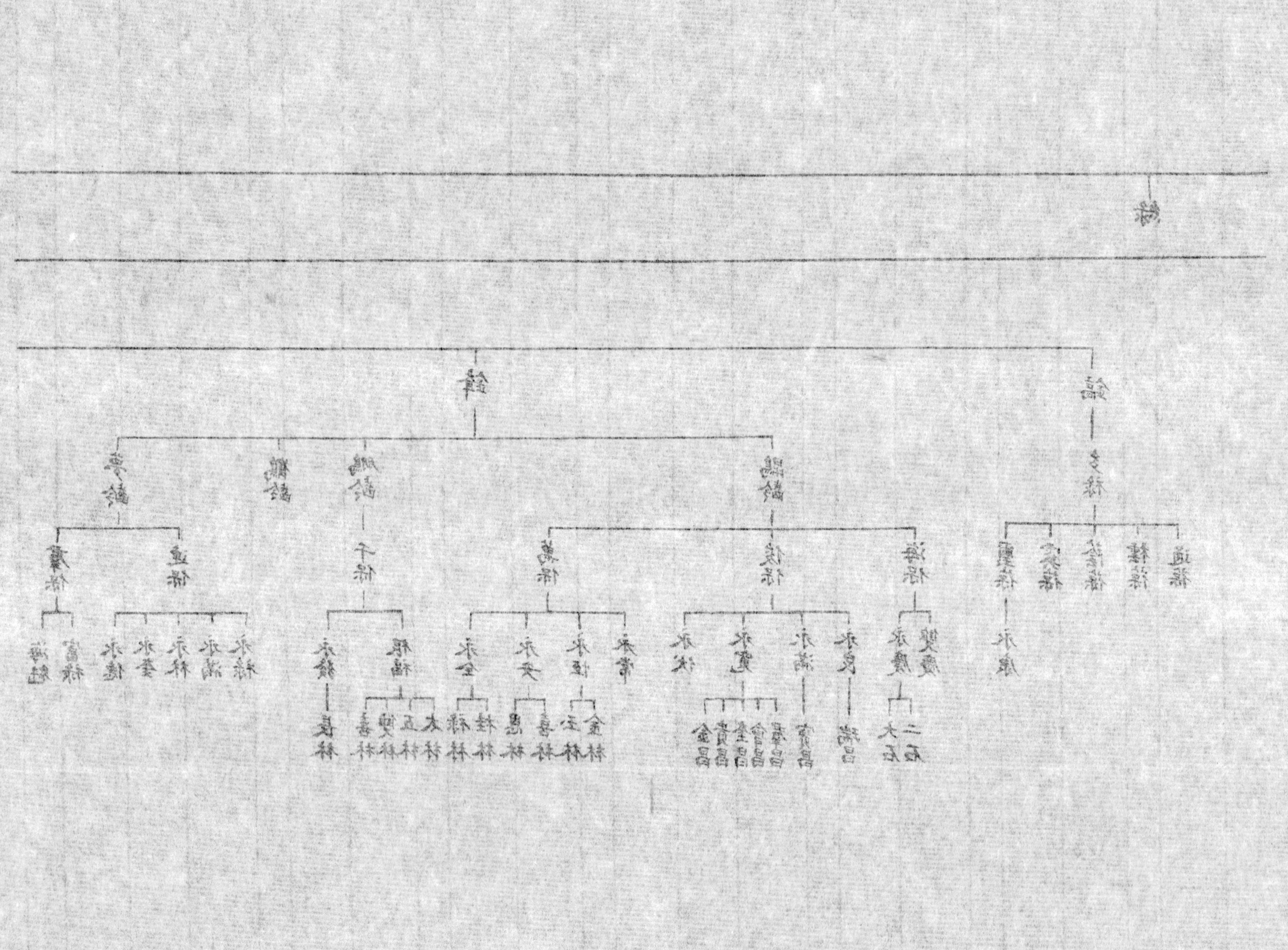

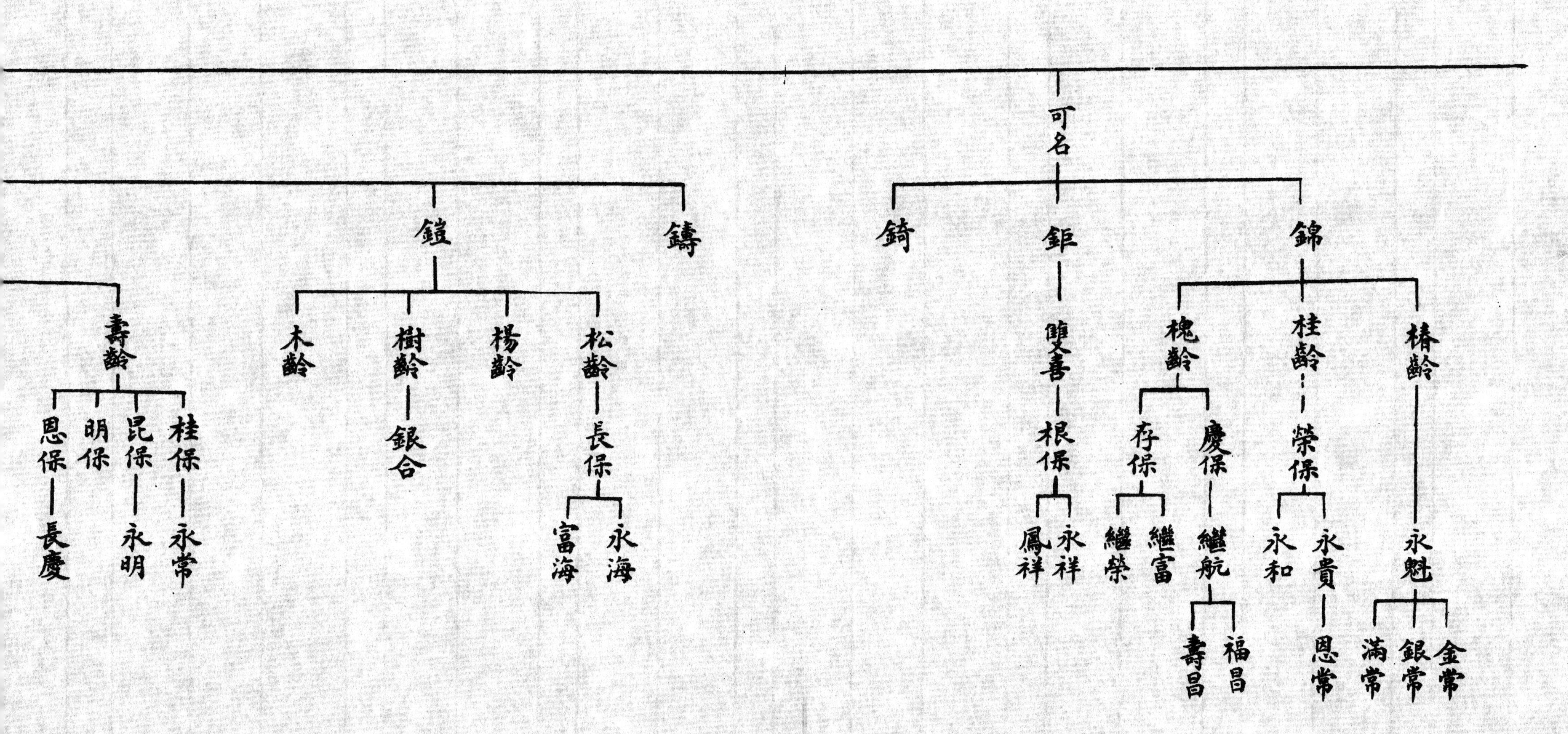

可名
鐿
鑄
錡
鉅
錦
壽齡
恩保
明保
昆保
桂保
長慶
永明
永常
木齡
樹齡
楊齡
松齡
銀合
長保
富海
永海
雙喜
根保
屬祥
永祥
槐齡
桂齡
椿齡
存保
慶保
榮保
繼榮
繼富
繼航
永和
永貴
永魁
壽昌
福昌
恩常
滿常
銀常
金常

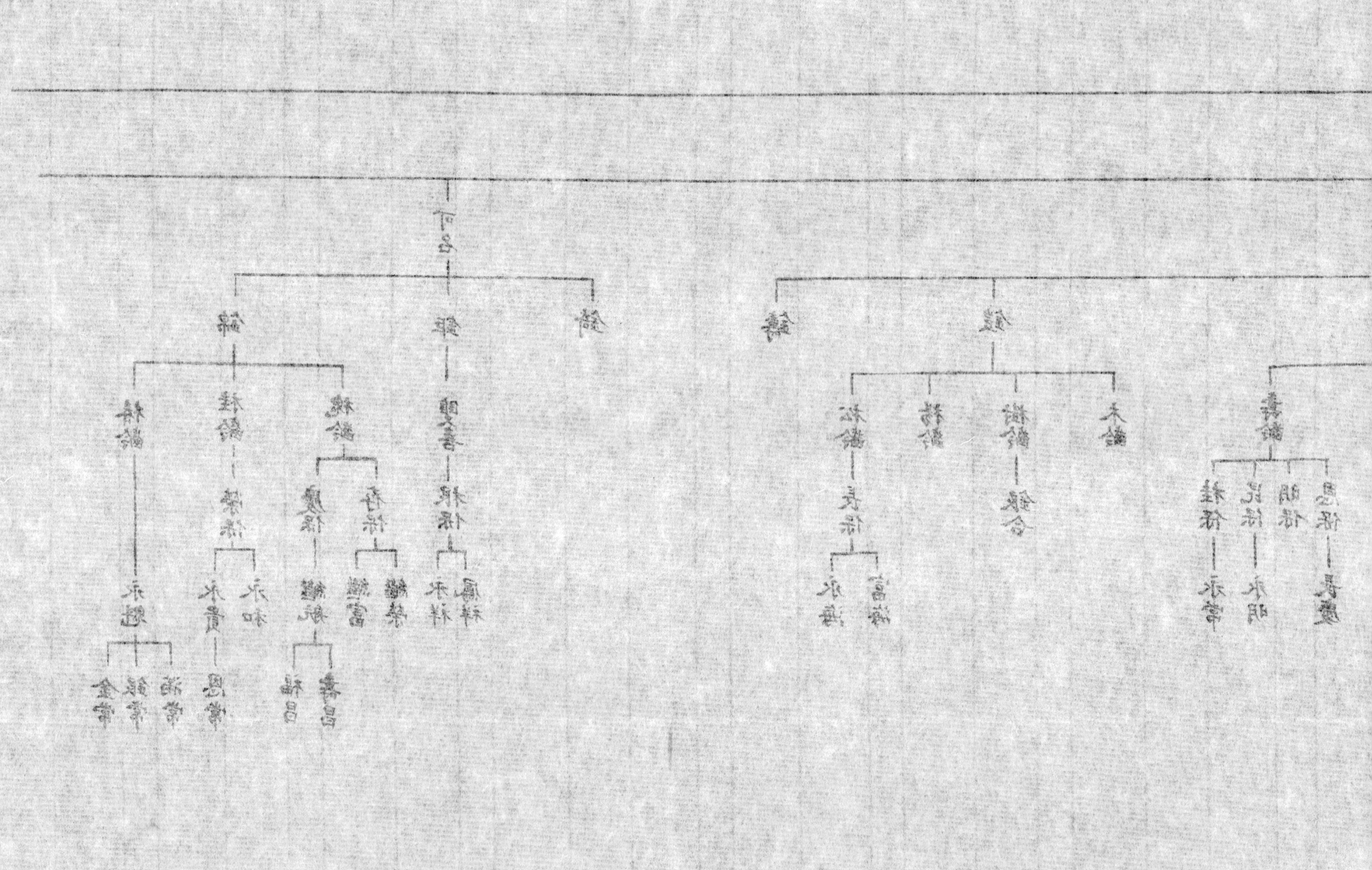

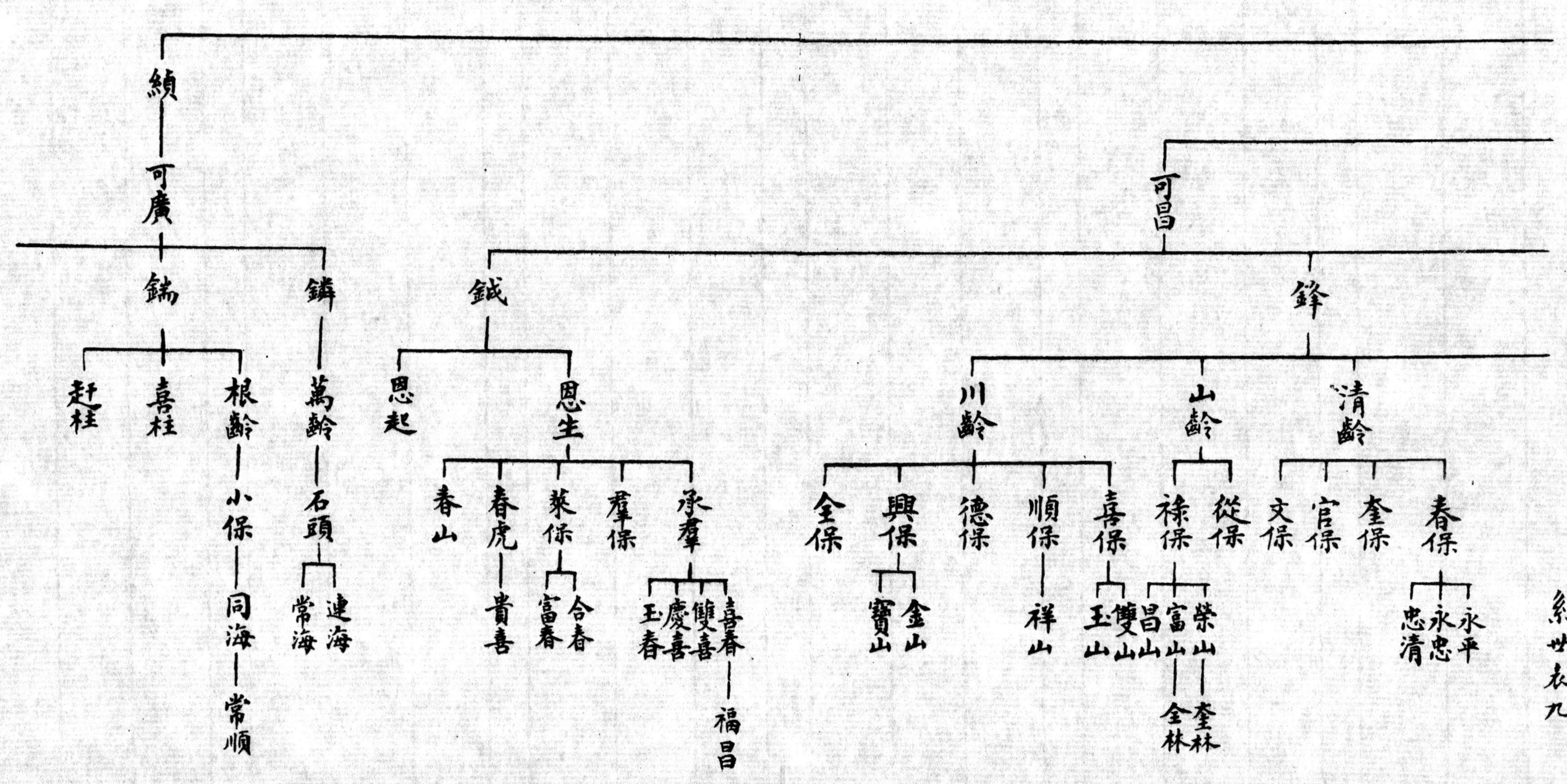

緽
可廣
鏑
鏶
赶柱
喜柱
根齡
小保
同海
常順
萬齡
石頭
常海
連海
可昌
鉞
鋒
恩起
恩生
春山
春虎
貴喜
萊保
富春
合春
羣保
承羣
玉春
慶喜
雙喜
喜春
福昌
川齡
全保
興保
寶山
金山
德保
順保
祥山
喜保
玉山
雙山
山齡
祿保
昌山
富山
全林
榮山
奎林
從保
清齡
文保
官保
奎保
春保
忠清
永忠
永平

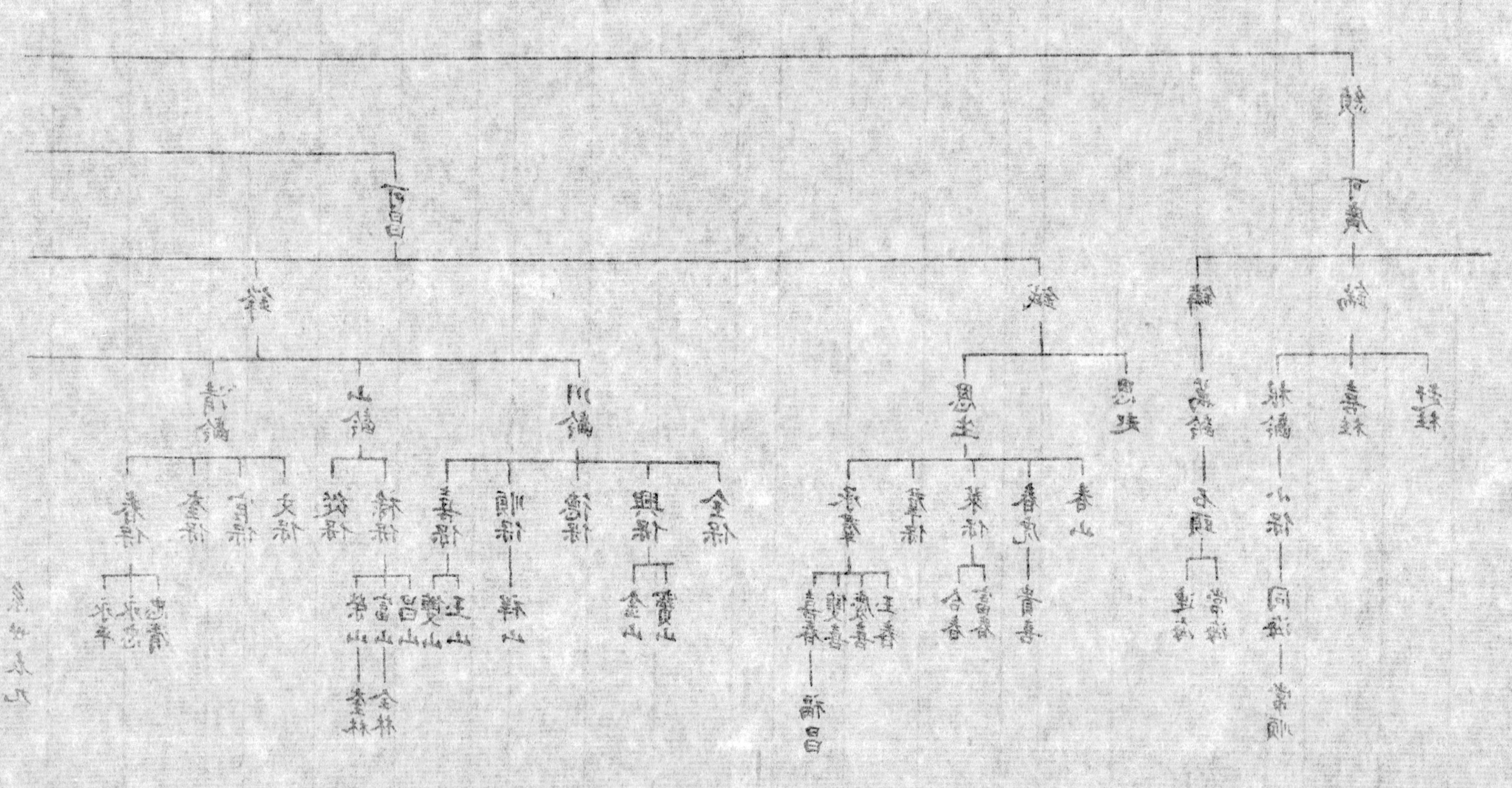

吉林成氏家譜卷第一

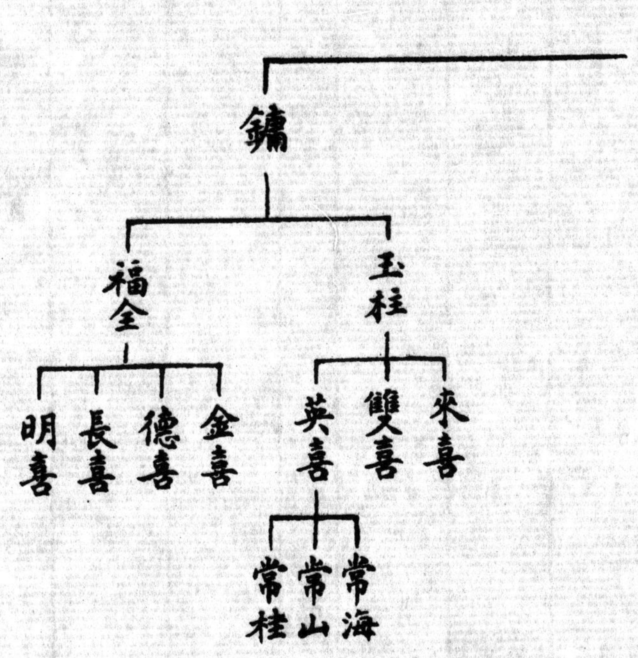

吉林沈氏宗譜卷第一

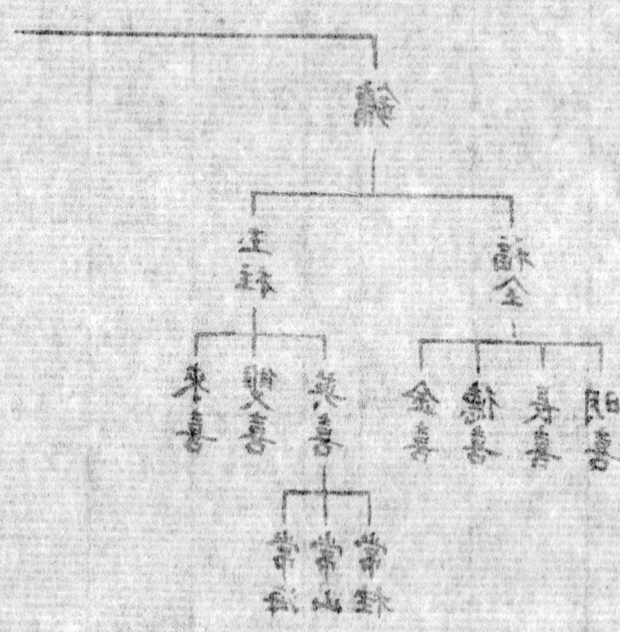

支派篇第二

成氏家譜

於穆寢廟爲穆爲昭班班秩序不愆不斁參天嘉栗
一本千條溯厥鼻祖依然同胞兵甲滿地風雨飄搖
言念宗支憂心孔忉大哉祖德百世不祧譜支派

言念宗支屬心弘仰大哉祖德百世不祧譜之派
一本千條溯厥鼻祖後派同胞兵甲滿地風雨飄搖
於穆顯廟為穆為昭班班秩序不紊不褱參天嘉樂

成氏家譜

支派譜卷之二

始遷祖

鳳鳴 字岐山康熙二十四年由京旗撥歸烏拉居城北薩哩巴屯以耕為業生於康熙□□年十一月二十七日午時卒於康熙□□年十二月初四日午時葬於薩哩巴屯東北第一塋 元配周夫人卒於□年□月□日 繼配馮夫人卒於□年□月□日俱同

長支二世

意 行一生於□□年□月□日卒於□□年□月□日葬於其塔木第三塋 元配周夫人卒於□年□月□日同意公合葬 子六 長士豪公次士俊公次士傑公次士秀公次士良公次士雄公

長支三世

士豪 行一生於□□年□月□日卒於□□年□月□日葬於其塔木東第八塋 元配孔夫人卒於□年□月□日同士豪公合葬 子三 長棟公次權公次株公

長支四世

棟 行一生於□□年□月□日卒於□□年□月□日葬於其塔木東第八塋

權 行二生於□□年□月□日卒於□□年□月□日葬於其塔木第八塋

株 行三生於□□年□月□日卒於□□年□月□日

長支五世

可興 生於□□年□月□日卒於□□年□月□日葬於

岐山公合葬
子三
長意公次彥
公次廉公

長支二世

長支三世

士俊

行二生於□
□年□月□
日卒於□□

長支四世

葬於其塔木
第八塋
元配楊夫人卒
於□年□月
□日同
株公合葬
子可興公

長支五世

其塔木第八
塋
元配孫夫人卒
於□年□月
□日同
可興公合葬
子三
長太公次平
公次祥公

年□月□日
葬於其塔木
東弟八塋

士傑

行三生於□
□年□月□
日卒於□□
年□月□日
葬於其塔木
東弟八塋

長支二世

長支三世

士秀

行四生於□□年□月□日卒於□□年□月□日葬於其塔木東弟八塋元配王夫人卒於□年□月□日同士秀公合葬子三長楷公次桐公次愷公

長支四世

楷

行一生於□□年□月□日卒於□□年□月□日葬於其塔木東弟八塋

桐

行二生於□□年□月□日卒於□□年□月□日葬於其塔木東弟八塋元配陳夫人卒於□年□月□日同桐公合葬子二長可發公次可秀公

長支五世

可發

行一生於□□年□月□日卒於□□年□月□日葬於其塔木東弟八塋元配楊夫人卒於□年□月□日同可發公合葬子二長安公次穩公

長支二世

長支三世

長支四世

愷

行三生於□□年□月□日卒於□□

長支五世

可秀

行二生於□□年□月□日卒於□□年□月□日葬於□處

士良

行五生於□□年□月□日卒於□□年□月□日葬於其塔木東弟三塋元配董夫人卒於□年□月年□月□日葬於□處

利

行一生於□□年□月□日卒於□□年□月□日葬於其塔木東弟三塋

莫

長支二世

長支三世

□日同
士良公合葬
子二
長利公次莫
公

士雄
行六生於□
□年□月□
日卒於□□
年□月□日
葬於其塔木
東弟三塋
元配王夫人卒
於□年□月
□日同
士雄公合葬
子二
長松公次柏
公

長支四世

行二生於□
□年□月□
日卒於□□
年□月□日
葬於□處

松
行一生於□
□年□月□
日卒於□□
年□月□日
葬於□處

柏
行二生於□
□年□月□
日卒於□□
年□月□日
葬於□處

長支五世

世系	
長支六世	太 行一 可興公子生於□□年□月□日卒於□□年□月□日葬於□處 元配石夫人卒於□年□月□日葬於□處
長支七世	
長支八世	
長支九世	
長支十世	

長支六世
長支七世
長支八世
長支九世
長支十世

長支六世	平 行二 可興公子生於□□年□月□日卒於□□年□月□日葬於□處	祥
長支七世		
長支八世		
長支九世		
長支十世		

長支六世

太

行一

可興公子生於□□年□月□日卒於□年□月□日葬於□處元配石夫人卒於□年□月

長支七世

長支八世

長支九世

長支十世

長支六世

長支七世

長支八世

長支九世

長支十世

□日葬於□處

平

行二

可興公子生於□□年□月□日卒於□年□月□日葬於□處

祥

長支六世

行三
可興公子生於
□□年□月
□日卒於□
□年□月□
日葬於□處

安
行一
可發公子生於
□□年□月
□日卒於□

長支七世

萬發
行一生於□
□年□月□
日卒於□□
年□月□日

長支八世

小根
萬福次子繼
萬發為嗣同
治八年五月
初三日巳時

長支九世

長支十世

□年□月□
日葬於其塔
木東第八塋
元配陳夫人卒
於□年□月
□日同
安公合葬
子二
長萬發次萬
福

葬於其塔木
東第八塋
元配嚴氏卒於
□年□月□
日同萬發合
葬
無子以弟萬
福子小根嗣

萬福 又名三創
行二生於□
□年□月□

生

大犨
行一同治六
年四月初六

喜慶
行一光緒二
十一年十月

長支六世

長支七世

日卒於□□年□月□日葬於其塔木第八塋元配杜氏卒於□年□月□日同萬福合葬子三長大羣次小根出繼次根福

長支八世

日寅時生元配朱氏子四長喜慶次喜全次喜恩次喜林

根福

行三□□年□月□日生

長支九世

二十日亥時生

喜全

行二光緒二十四年十一月初八日戌時生

喜恩

行三光緒二十九年二月初一日戌時生

喜林

行四光緒三十一年十月初四日戌時生

長支十世

長支六世

穩

行二
可發公子生於
□□年□月
□日卒於□
□年□月□
日葬於其塔
木東弟八塋
元配楊夫人卒
於□年□月
□日
繼配趙夫人卒
於□年□月
□日俱同
穩公合葬
子萬有
趙夫人出

長支七世

萬有

生於□□年
□月□日卒
於□□年□
月□日葬於
其塔木東弟
八塋
元配陳氏
子二
長來小次根
小

長支八世

來小

行一同治十
三年正月二
十四日巳時
生
元配王氏卒於
□年□月□
日葬於□處
子喜雲

根小

行二光緒二
年十月二十
日未時生
元配石氏
子二
長喜奎次喜
春

長支九世

喜雲

光緒二十七
年十一月二
十六日丑時
生

喜奎

行一光緒二
十八年九月
二十六日巳
時生

喜春

行二光緒三
十一年三月
初三日申時
生

長支十世

始遷祖

二支二世

彥
行二生於□□年□月□日卒於□□年□月□日葬於其塔木第十五塋元配楊夫人卒於□年□月□日同彥公合葬子二長士英公次士毅公

二支三世

士英
行一生於□□年□月□日卒於□□年□月□日葬於其塔木第十五塋元配王夫人卒於□年□月□日同士英公合葬子二長經公次純公

二支四世

經
行一生於□年□月□日卒於□□年□月□日葬於其塔木第十五塋元配張夫人卒於□年□月□日同經公合葬子二長可用公次可順公

二支五世

可用
行一生於□□年□月□日卒於□□年□月□日葬於其塔木第十五塋元配王夫人卒於□年□月□日繼配江夫人卒於□年□月□日俱同可用公合葬子三長魁公次元公次玉公

可順
行二生於□□年□月□

純

行二生於□

日卒於□□
年□月□日
葬於其塔木
第十五塋
元配張夫人卒
於□年□月
□日同
可順公合葬
無嗣

可舉

行一生於□

□年□月□
日卒於□□
年□月□日
葬於其塔木
第十五塋
元配董夫人卒
於□年□月
□日
繼配鄭夫人卒
於□年□月
□日俱同
純公合葬

□年□月□
日卒於□□
年□月□日
葬於其塔木
第十五塋
元配陳夫人卒
於□年□月
□日
繼配張夫人卒
於□年□月
□日俱同
可舉公合葬

二支二世

二支三世

二支四世

子二長可舉公次可信公

士毅

行二生於□□年□月□日卒於□□年□月□日葬於□處

二支五世

子三長惠公次敏公次聰公

可信

行二生於□□年□月□日卒於□□年□月□日葬於其塔木第十五塋元配姜夫人卒於□年□月□日同可信公合葬子俊公

二支二世

二支三世

二支四世

二支五世

可信

行二生於□□年□月□日卒於□年□月□日葬於□其塔本

公第十五世娶

元配姜夫人卒

子三
長□公次聰公次□

可信公次樂公次
子二

士毅

行二生於□□年□月□日卒於□年□月□日葬於□處

子穆公
可信公合葬
□日同
於□年□月

二支六世

魁

行一

可用公子生於□□年□月□日卒於□□年□月□日葬於其塔木弟十五塋

元配王夫人卒於□年□月□日同魁公合葬

子開基

元

行二

可用公子生於□□年□月□日卒於□□年□月□日葬於其塔

二支七世

開基

生於□□年□月□日卒於□□年□月□日葬於其塔木弟十五塋

元配張氏卒於□年□月□日同開基合葬

子璋

開祿

行一生於□□年□月□日卒於□□年□月□日葬於□處

元配于氏卒於

二支八世

璋

生於□□年□月□日卒於□□年□月□日葬於其塔木弟十五塋

元配張氏卒於□年□月□日同璋合葬

二支九世

二支十世

二支六世
二支七世
二支八世
二支九世
二支十世

二支六世

木第十一塋 元配張夫人卒於□年□月□日同元公合葬 子二長開祿次開福

二支七世

□年□月□日葬於□處

開福 行二生於□□年□月□日卒於□□年□月□日葬於其塔木第十五塋 元配王氏卒於□年□月□

二支八世

珂 生於□□年□月□日卒於□□年□月□日葬於其塔木第十一塋 元配□氏卒於□年□月□

二支九世

永昌 同治□□年□月□日生

二支十世

玉 行三 可用公子生於□□年□月□日卒於□□年□月□日葬於其塔木第十五塋

日同開福合葬 子珂

開春 生於□□年□月□日卒於□□年□月□日葬於其塔木第十五塋 元配劉氏卒於

日葬於□處 子永昌

舉 生於□□年□月□日卒於□□年□月□日葬於其塔木東第十一塋 元配董氏卒於

元配吳夫人卒
於□年□月
□日
繼配李夫人卒
於□年□月
□日俱同
玉公合葬
子開春

惠
行一
可舉公子生於

二支六世

□年□月□
日同開春合
葬
子舉

立合
行一生於□
□年□月□

二支七世

□年□月□
日同舉合葬

儀
生於道光十
七年十二月

二支八世

永祥
行一咸豐九
年六月初三

二支九世

奎生
光緒二十七
年七月二十

二支十世

□□年□月
□日卒於□
□年□月□
日葬於其塔
木東第十塋
元配張夫人卒
於□年□月
□日同
惠公合葬
子二
長立合次立
山

日卒於□□
年□月□日
葬於其塔木
東第十塋
元配舒氏卒於
□年□月□
日同立合合
葬
子儀

二十七日寅
時卒於光緒
九年五月二
十九日寅時
葬於其塔木
東第十塋
元配江氏卒於
光緒九年九
月二十二日
酉時與儀合
葬
子三

日巳時生
元配王氏
子奎生

永盛
行二同治元
年三月二十
五日酉時生
元配王氏

來福
行三同治九

三日酉時生

海生
光緒十九年

世系		
二支六世		敏 行二 可舉公子生於□□年□月□日卒於□
二支七世	立山 行二生於□□年□月□	日卒於□□年□月□日葬於□處 元配嚴氏卒於□年□月□日葬於□處
二支八世	長永祥 次永盛 次來福	
二支九世	年十二月二十一日戌時生 元配郭氏卒於□年□月□日葬於□處 繼配孫氏 子海生	
二支十世	十月初一日丑時生 元配徐氏	

□年□月□
日葬於其塔
木東第十一
塋
元配石夫人卒
於□年□月
□日
繼配佟夫人卒
於□年□月
□日俱同
敏公合葬

二支六世

二支七世

二支八世

二支九世

二支十世

聰
行三
可舉公子生於
□□年□月
□日卒於□
□年□月□
日葬於□處

俊
可信公子生於
□□年□月

立福
生於□□年
□月□日卒

二丈六世

子孟福
孫若合葬
□日同
於□年□月
兄配福夫人卒
未壽年五歲
日葬於其塔
□年□月□
□日年妣□

二丈七世

十一世
其塔未更葬
月□日葬於
妣□□年□

二丈八世

二丈九世

二丈十世

□日卒於□□年□月□日葬於其塔木第十五塋元配楊夫人卒於□年□月□日同俊公合葬子立福

於□□年□月□日葬於其塔木東第十一塋

二支六世

二支七世

二支八世

二支九世

二支十世

始遷祖

三支二世

廉

行三生於□□年□月□日卒於□□年□月□日葬於薩哩巴屯東北第一塋

元配黃夫人卒於□年□月□日同廉公合葬

子士宏公

三支二世

三支三世

士宏

字諒公生於□□年□月□日卒於□□年□月□日葬於其塔木東第六塋

元配楊夫人卒於□年□月□日同諒公公合葬

子五

長綱公次紀公次維公次綠公次績公

三支三世

三支四世

綱

行一字總文生於□□年□月□日卒於□□年□月□日葬於其塔木東第六塋

元配江夫人卒於□年□月□日

繼配胡夫人卒於□年□月□日俱同總文公合葬

子三

長可富公次可榮公次可花公

三支四世

三支五世

可富

行一生於□□年□月□日卒於□□年□月□日葬於其塔木東第六塋

元配張夫人卒於□年□月□日同可富公合葬

子二

長寶公次寬公

可榮

行二生於□□年□月□日卒於□□年□月□日葬於其塔木

三支五世

三支二世

三支三世

三支四世

三支五世

三支五世
東第六塋 元配張夫人卒 於□年□月 □日同 可榮公合葬 子有公 **可花** 行三生於□ □年□月□ 日卒於□□ 年□月□日

三支四世	三支五世
紀 行二字永年 生於□□年 □月□日卒 於□□年□ 月□日葬於 其塔木第六 塋 元配楊夫人卒	葬於□處 無嗣 **可義** 行一生於□ □年□月□ 日卒於□□ 年□月□日 葬於其塔木 東第六塋 元配李夫人卒 於□年□月

於□年□月
□日
繼配吳夫人石
夫人卒於□
年□月□日
俱同
永年公合葬
子二
長可義公次
可相公

□日同
可義公合葬
子二
長秀公次美
公

可相

行二生於□
□年□月□
日卒於□□
年□月□日
葬於其塔木

三支二世

三支三世

三支四世

三支五世

維

西北第十二
瑩
元配嚴夫人卒
於□年□月
□日
繼配張夫人卒
於□年□月
□日俱同
可相公合葬
子銀公

可仁

三支二世

三支三世

三支四世

沒□年□月
□日
繼配吳夫人石
夫人卒於□
年□月□日
與同
永年公合葬
子二
長可義公次
可相公

三支五世

□日同
可義公合葬
子二
長秀公次美
公

可相

行二生於□
□年□月□
日卒於□
年□月□日
葬於其塔木

繼

西北第十二
塋
元配□氏夫人卒
於□年□月
□日
繼配張夫人卒
於□年□月
□日與同
可相公合葬
子繼公

可仁

三支二世

三支三世

三支四世

行三字方約
生於□□年
□月□日卒
於□□年□
月□日葬於
其塔木東弟
六塋
元配楊夫人卒
於□年□月
□日同
方約公合葬
子二

長可仁公次
可禮公

三支五世

行一生於□
□年□月□
日卒於□□
年□月□日
葬於其塔木
西北大富堡
第二十一塋
元配王夫人卒
於□年□月
□日同
可仁公合葬
子四

長太公次孝
公次喜公次
永公

可禮

行二生於□
□年□月□
日卒於□□
年□月□日
葬於□處
元配嚴夫人卒
於□年□月

三支二世

三支三世

三支四世

行三字右於生於□□年□月□日卒於□□年□月□日葬於其塔木東第六號

元配楊夫人卒於□□年□月□日同方約公合葬

子二

長可仁公次可禮公

三支五世

行一生於□□年□月□日卒於□□年□月□日葬於其塔木西北大富村第三十一號

元配王夫人卒於□年□月□日同可仁公合葬

子四

長太公次春公次喜公次永公

可禮

行二生於□□年□月□日卒於□□年□月□日葬於□處

元配嚴夫人卒於□年□月

三支二世

三支三世

三支四世

綵
行四字名玉
始歸烏拉充
差循循禮義
有儒者風遠
邇服其家教
焉生於□□
年□月□日

三支五世

□日葬於□
處
子阜公

可功 又諱薩秉阿
行一烏拉總
管衙門委官
贈武略騎尉性
伉爽急公義
鄉人化之生
於□□年□
月□日卒於

三支四世

卒於□□年
□月□日葬
於其塔木東
第五塋
元配杜夫人卒
於□年□月
□日同
名玉公合葬
子三
長可功公次
可名公次可
昌公

三支五世

□□年□月
□日葬於三
又河北第二
十五塋
元配楊夫人卒
於□年□月
□日
繼配關夫人卒
於同治六年
十一月十八
日申時俱同
騎尉公合葬

三支二世

三支三世

三支四世

三支五世

子三
長明泰公次
錦泰公次保
卿公

可名 又諱泰保
行二字仲元
生於□□年
□月□日卒
於□□年□
月□日葬於
其塔木第四
瑩
元配杜夫人卒
於□年□月
□日同
可名公合葬
子三
長錦公次鉅
公次錡公

可昌
行三字善邦
生於□□年

子三
長明泰公次
錦泰公次備
卿公

可名 父諱
裕諱
行三字仲元
生於□□□年
□月□日卒
於□□年□
月□日葬於
其塋未詳四

三支二世

三支三世

三支四世

三支五世

瑩
元配杜夫人卒
於□年□月
□日同
可名公合葬
子三
長錦公次鑑
公次鎬公

可昌
行三字善祥
生於□□年

□月□日卒於□□年□月□日葬於其塔木第五塋元配邰夫人卒於□年□月□日同善邦公合葬子四長鑄公次鎧公次鋒公次

三支二世

三支三世

三支四世

三支五世

鉞公

績

行五字祥昇生於□□年□月□日卒於□□年□月□日葬於其塔木第五塋元配楊夫人卒於□年□月

可廣

生於□□年□月□日卒於□□年□月□日葬於其塔木第五塋元配趙夫人卒於□年□月□日

表二十六

繼配張夫人卒於□年□月□日俱同可廣公合葬

子三長鏻公次鍴公次鏞公

□日同祥昇公合葬

子可廣公

三支二世

三支三世

三支四世

三支五世

三支六世	寶 行一 可富公子生於□□年□月□日卒於□□年□月□日葬於其塔木第十九塋 元配王夫人卒於□年□月□日 繼配韓夫人卒於□年□月□日俱同寶公合葬 子萬倉
三支七世	萬倉 生於□□年□月□日卒於□□年□月□日葬於其塔木第二十塋 元配楊氏卒於□年□月□日同萬倉合葬 子三 長智次慶次德
三支八世	智 行一生於□□年□月□日卒於□□年□月□日葬於其塔木第二十塋 元配張氏卒於□年□月□日同智合葬 無嗣 慶 行二生於□□年□月□日卒於□□年□月□日葬於其塔木第二十塋 元配楊氏卒於□年□月□
三支九世	
三支十世	

三支六世 三支七世 三支八世 三支九世 三支十世

三支六世

三支七世

三支八世

日同慶合葬 無嗣

富 又名德承 行三生於□□年□月□日卒於□□年□月□日葬於其塔木第二十塋 元配張氏卒於□年□月□

日同富合葬 子二 長永財次永阜

三支九世

永財 行一同治七年三月十四日申時生 元配李氏 子二 長鎖生次羣生

永阜 行二同治八年十二月初二日戌時生 元配錢氏 子三 長煥生次連生次長生

三支十世

鎖生 行一光緒三十年六月初七日申時生

羣生 行二宣統元年三月十五日未時生

煥生 行一光緒二十四年正月十五日申時生

連生 行二光緒二十五年九月十六日未時生

三支六世

寬

行二
可富公子生於□□年□月□日卒於□□年□月□日葬於其塔木第九塋
元配毛夫人卒於□年□月□日同寬公合葬
子萬良

三支七世

萬良

生於□□年□月□日卒於□□年□月□日葬於其塔木第九塋
元配盧氏卒於□年□月□日同萬良合葬
子二 長瑤次順

三支八世

瑤

行一生於□□年□月□日卒於□□年□月□日葬於太平山第十七塋
元配孔氏卒於□年□月□日
繼配劉氏卒於□年□月□日俱同瑤合葬
子二 長雙全次雙海

三支九世

雙全

行一生於□□年□月□日卒於□□年□月□日葬於太平山第十七塋
元配韓氏卒於□年□月□日同雙全合葬
無嗣

雙海

行二生於□□年□月□日卒於□□

三支十世

長生

行三光緒三十一年二月十四日辰時生

三支六世

三支七世

三支八世

順

行二生於□□年□月□日卒於□□年□月□日葬於其塔木第九塋

元配□氏卒於□年□月□日同順合葬

子永發

三支九世

年□月□日葬於太平山第十七塋

無嗣

永發

同治十二年六月二十一日未時生

三支十世

有

可榮公子生於□□年□月□日卒於□□年□月□日葬於□處

元配高夫人卒

於□年□月
□日葬於□
處

無嗣

秀
行一
可義公子生於
□□年□月
□日卒於□
□年□月□
日葬於□處

三支六世

三支七世

三支八世

三支九世

三支十世

無嗣

美
行二
可義公子生於
□□年□月
□日卒於□
□年□月□
日葬於三叉
河弟二十七
塋
元配江夫人卒

延齡
生於□□年
□月□日卒
於□□年□
月□日葬於
三叉河弟二
十七塋
元配趙氏卒於
□年□月□
日同延齡合

梧桐 又名儉
行一生於□
□年□月□
日卒於□□
年□月□日
葬於三叉河
第二十七塋
元配王氏卒於
□年□月□
日同梧桐合

長德
咸豐八年正
月初十日巳
時生
元配王氏
子二
長奎祿次奎
安

奎祿
行一光緒十
二年五月二
十八日丑時
生

奎安
行二光緒二
十三年七月
初三日丑時

三支六世

於□年□月
□日
繼配張夫人卒
於□年□月
□日俱同
美公合葬
子延齡

三支七世

葬
子三
長梧桐次保
桐次傑

三支八世

葬
子長德

保桐
行二生於□
□年□月□
日卒於□□
年□月□日
葬於三叉河
第二十七塋

傑 又名
小金

三支九世

長福

三支十世

生

三支六世

銀

三支七世

大梁

三支八世

金和
行三生於□
□年□月□
日卒於□□
年□月□日
葬於三叉河
第二十七塋
元配趙氏卒於
□年□月□
日同傑合葬
子長福

三支九世

生於□□年
□月□日卒
於□□年□
月□日葬於
□處

三支六世

三支七世

三支八世

三支九世

三支十世

銀

大榮

金和

字長福

保桐

長福

三支六世

可相公子生於□□年□月□日卒於□□年□月□日葬於其塔木第十二塋
元配廖夫人卒於□年□月□日同
銀公合葬
子三
長大梁次二梁次三梁

三支七世

行一□□年□月□日生於□□年□月□日卒於□□年□月□日葬於□處
元配嚴氏卒於□年□月□日葬於其塔木第十二塋
子金和

二梁 又名多福
行二生於□□年□月□日卒於□□年□月□日
葬於□處
元配鄒氏卒於□年□月□日葬於□處
無嗣

三梁
行三咸豐二年四月初四日午時生
元配王氏

三支八世

雙和 又名來保
行一光緒八年十二月初二日酉時生
元配武氏

三支九世

三支十世

三支六世

太
行一
可仁公子生於
□□年□月
□日卒於□
□年□月□
日葬於□處

孝
行二
可仁公子生於
□□年□月
□日卒於□
□年□月□
日葬於其塔
木第十三塋
元配楊夫人卒

三支七世

子二
長雙和次羣
和

二小
行一生於□
□年□月□
日卒於□□
年□月□日
葬於□處

四小
行二生於
□

三支八世

羣和
行二光緒十
四年三月二
十八日辰時
生

三支九世

三支十世

於□年□月
□日同
孝公合葬
子三
長二小次四
小次慶齡

□年□月□
日卒於□□
年□月□日
葬於□處

慶齡

行三生於□
□年□月□
日卒於□□
年□月□日
葬於其塔木
弟十三瑩

承羣

咸豐八年四
月二十九日
午時生
元配楊氏
子三
長長海次長

長海

行一光緒十
年五月初十
日巳時生
元配劉氏
子二
長樹林次盛

樹林

光緒二十八
年六月十五
日未時生

盛林

光緒三十三

三支六世
三支七世
三支八世
三支九世
三支十世

元配廖氏卒於
□年□月□
日同慶齡合
葬
子承羣

禧次長全

林

長禧

行二光緒十
四年正月□
日□時生

長全

行三光緒十
九年五月十
四日午時生

年十月十九
日戌時生

三支六世

三支七世

慶錦

三支八世

永壽

三支九世

長滿

三支十世

盛林

樹林

長全

長福

三支六世

喜
行三
可仁公子生於
□□年□月
□日卒於□
□年□月□
日葬於其塔
木第二十一
塋
元配李夫人卒
於□年□月
□日
繼配鄔夫人卒
於□年□月
□日俱同
喜公合葬
子二
長廣齡次富
齡

三支七世

廣齡
行一生於□
□年□月□
日卒於□□
年□月□日
葬於其塔木
第二十一塋
元配鄔氏卒於
□年□月□
日同廣齡合
葬
子五
長小華次小
財次小有次
小發次小昌

三支八世

小華
行一生於□
□年□月□
日卒於□□
年□月□日
葬於□處

小財
行二生於□
□年□月□
日卒於□□
年□月□日
葬於其塔木
第二十一塋
元配毛氏卒於
□年□月□
日同小財合
葬
無嗣

小有
行三生於□
□年□月□

三支九世

小柱
□□年□月
□日生

三支十世

三支六世

三支七世

三支八世

日卒於□□年□月□日葬於其塔木第二十一塋

元配侯氏卒於□年□月□日

子小柱

小發 又名英

行四生於道光元年□月□日卒於□□年□月□日葬於其塔木第二十一塋

元配嚴氏卒於□年□月□日同小發合葬

子二 長永德次羣柱

三支九世

永德

行一同治四年十一月二十五日子時生

元配邱氏

子長占

羣柱

行二光緒三年五月十五日卯時生

三支十世

長占

光緒二十四年五月三十日未時生

三支六世		
三支七世		**富齡** 行二生於□□年□月□日卒於□□年□月□日葬於其塔木第二十一塋 元配王氏卒於□年□月□日同富齡合葬
三支八世	**小昌** 行五生於道光三十一年六月初八日午時卒於□□年□月□日葬於其塔木第二十一塋 元配舒氏 子大虎	**秋保** 生於□□年□月□日卒於□□年□月□日葬於其塔木第二十一塋
三支九世	**大虎** 生於□□年□月□日卒於□□年□月□日葬於□處 元配楊氏 無嗣	
三支十世		

三支六世

三支七世

富謚 行三生於□□年□月□日卒於□□年□月□日葬於東塔木第三十一塋元配吳氏卒於□年□月□日開富塔合葬

三支八世

秋保 生於□□年□月□日卒於□□□年月□日葬於東塔木第三十一塋

小白 行五生於道光三十一年六月初八日午時卒於□□年□月□日葬於東塔木第三十一塋元配許氏子大亮

三支九世

大亮 生於□□年□月□日卒於□□□年月□日葬於□處元配楊氏無嗣

三支十世

三支六世

永

行四

可仁公子生於□□年□月□日卒於□□年□月□日葬於其塔木第二十一塋

元配李夫人卒於□年□月□日同永公合葬

子相齡

三支七世

子秋保

相齡

生於□□年□月□日卒於□□年□月□日葬於其塔木第二十一塋

元配張氏卒於□年□月□日同相齡合葬

子三長滿貴次滿庫次滿囤

三支八世

滿貴 又名森

行一生於□□年□月□日卒於□□年□月□日葬於其塔木第二十一塋

元配楊氏卒於□年□月□日同滿貴合葬

子長明

滿庫 又名爽

行二生於□□年□月□日卒於□□年□月□日葬於其塔木第二十一塋

元配□氏

子二

三支九世

長明

同治十二年四月二十日□時生

元配陳氏

子常和

喜長

行一光緒九年十二月三十日丑時生

慶長

行二光緒十四年二月十六日丑時生

三支十世

常和

光緒三十二年二月二十日未時生

三支六世

永 行四 可作公子生于 □□年□月 □日卒于□ □年□月□ 日葬于其塔 本第二十一 娶 元配李氏八年 于□年□月 □日同 承公合葬 子相龄

三支七世

相龄 字秋保 生于□□年 □月□□日卒 于□□□年□ 月□日葬于 其塔第二 十一娶 元配张氏卒于 □年□月□ 日同相龄合 葬 子三 长满贵次满 库次满国

三支八世

满贵 林文名 行一生于□ □年□月□ 日卒于□□ 年□月□日 葬于其塔本 第二十一娶 元配杨氏卒于 □年□月□ 日同满贵合 葬 子长明

满库 东人名 行二生于□ □年□月□ 日卒于□□ 年□月□日 葬于其塔本 第三十一娶 元配□氏 子二

三支九世

长明 同治十二年 四月二十日 □时生 元配陈氏 子常和

喜长 行一光绪九 年十二月三 十日丑时生

庆长 行二光绪十 四年二月十 六日辰时生

三支十世

常和 光绪三十二 年二月二十 日未时生

三支六世

三支七世

三支八世

滿囤

長喜長次慶長

行三生於□□年□月□日卒於□□年□月□日葬於□處元配□氏子長林

三支九世

長林

光緒十四年八月十二日丑時生

三支十世

三支六世

阜

可禮公子生於□□年□月□日卒於□□年□月□日葬於大窩堡第二十二塋元配楊夫人卒於□年□月□日同

三支七世

承柱 又名忠齡

行一生於□□年□月□日卒於□□年□月□日葬於大窩堡第二十二塋元配王氏卒於□年□月□日同承柱合葬

三支八世

太 又名咬兒

行一咸豐七年十月二十三日□時生元配楊氏卒於□年□月□日葬於大窩堡第二十二塋子二長雙虎次來

三支九世

雙虎

行一光緒七年十月十三日未時生元配馬氏卒於□年□月□日葬於□處

來虎

行二光緒十三年正月十

三支十世

世次	右頁	左頁
三支六世	阜公合葬 子二 長承柱次福春	
三支七世	子二 長太次有虎 **福春** 又名金齡 行二生於□	□年□月□日卒於□□年□月□日葬於大窩堡第二十二塋 元配焦氏卒於□年□月□日同福春合葬 子二 長保勝次存勝
三支八世	**有** 又名得勝 行二□□年□月□日生 元配陳氏卒於□年□月□日葬於□處 子存虎 **保勝** 行一生於□	□年□月□日卒於□□年□月□日葬於□處 元配戚氏 子連虎 **存勝** 行二光緒元年十二月三十日酉時生 元配王氏
三支九世	三日未時生 **存虎** 光緒二十年三月十二日戌時生 **連虎** 光緒十七年	正月十一日丑時生 **常虎** 行一光緒二十九年八月十五日丑時生
三支十世		

三支六世

明泰 又諱銑

行一字奉時
贈騎尉公子恩
貢生持家有
法内外肅然
遠邇至今稱
之生於□□
年□月□日
卒於□□年
□月□日葬
於三叉河弟
二十六塋
元配江夫人卒
於□年□月
□日同
奉時公合葬
子二
長文齡次德

三支七世

文齡

行一字□□
文庠生生於
□□年□月
□日卒於□
□年□月□
日葬於三叉
河弟二十六
塋
元配魏氏卒於
□年□月□
日同文齡合
葬
側室張氏卒於
□年□月□
日祔葬墓所
無嗣以胞弟
子卿保為嗣

三支八世

子二
長常虎次羣
虎

卿保

德齡弟三子
繼文齡為嗣
道光十七年
正月初三日
卯時生
元配李氏卒於
□年□月□
日
繼配劉氏卒於
□年□月□
日均葬於三
叉河弟二十
六塋
繼配王氏
子四
長永順李氏
出次永亮次

三支九世

羣虎

行二宣統元
年正月十一
日丑時生

永順

行一生於咸
豐七年十二
月十六日未
時卒於光緒
二十六年二
月初七日葬
於三叉河弟
二十六塋
元配楊氏
子吉昌

永亮

行二生於同
治八年正月
初十日卯時
卒於光緒二
十五年十月

三支十世

吉昌

光緒六年七
月十一日子
時生
元配奚氏卒於
□年□月□
日
子奎林

桂昌

行一光緒十
三年十一月
初七日未時
生
元配周氏

三支六世

齡

三支七世

三支八世

永隆次永聚
俱劉氏出

三支九世

十五日□時
葬於□處
元配徐氏
子二
長桂昌次連
昌

永隆
行三生於同
治十一年八
月三十日丑
時卒於光緒
三十四年二
月二十八日
□時葬於□
處
元配劉氏卒於
□年□月□
日葬於□處
繼配盧氏
子鎖昌

永聚
行四光緒二

三支十世

連昌
行二光緒二
十年十二月
初三日亥時
生

鎖昌
光緒二十五
年九月初十
日酉時生

榮昌
光緒二十一

三支六世

三支七世

德齡 又諱多隆武

行二生於□□年□月□日卒於□□年□月□日葬於其塔木第二十六塋

三支八世

祥保

行一字吉甫筆帖式同治間粵匪之亂從征湖北保藍翎六品軍功歸而不仕

三支九世

年十一月十四日戌時生

元配石氏

子榮昌

永廉

咸豐元年十二月初三日巳時生

三支十世

年九月十一日酉時生

喜昌

同治十一年三月十五日辰時生

元配嚴氏

子福霖

元配嚴氏卒於□年□月□日同德齡合葬

子四長祥保次善保次卿保出繼文齡為嗣次瑞保

生於道光十一年五月十八日子時卒於光緒八年十一月二十五日葬於三叉河弟二十六塋

元配楊氏卒於光緒十九年二月二十三日□時同祥

三支六世

三支七世

三支八世

保合葬
子永康
善保
行二生於道光十四年八月十八日卯時卒於同治十三年六月初九日□時葬於三叉河弟二十六塋
元配劉氏卒於□年□月□日
繼配嚴氏劉氏卒於□年□月□日同善保合葬
楊氏
子三
長永春次永林次永山

三支九世

永春
行一咸豐五年八月十六日丑時生
元配關氏
子三
長恩昌次毓昌次滿昌

三支十世

恩昌
行一同治九年九月十一日丑時生
元配石氏卒於光緒五年五月初一日葬於□處
繼配江氏
子二
長慶霖次景霖
毓昌
行二光緒三年六月二十八日辰時生
元配戢氏
滿昌
行三藍翎五

三支六世

三支七世

三支八世

三支九世

永林

行二同治五年二月二十七日卯時生

元配劉氏

子五

長萬昌次海昌次根昌次銘昌次連昌

三支十世

品頂戴光緒十年閏五月初五日午時生

元配楊氏

萬昌

行一光緒九年十月十一日卯時生

元配張氏

海昌

行二光緒十二年二月十五日子時生

根昌

行三光緒十四年九月二十五日亥時生

三支六世

三支七世

三支八世

三支九世

三支十世

銘昌 行四光緒十六年十二月十一日戌時生

連昌 行五光緒二十一年十月二十七日子時生

永山 行三總管銜門六品頂戴委官同治六年六月初二日子時生 元配楊氏 子五 長金昌次銀昌次富昌次延昌次萃昌

金昌 行一光緒十年三月十八日丑時生 元配趙氏

銀昌 行二光緒十五年正月二十七日子時生

三支六世

三支七世

三支八世

三支九世

三支十世

元配戩氏

富昌 行三光緒十六年十二月十八日巳時生

延昌 行四光緒二十一年正月三十日子時生

萃昌 行五光緒二十三年七月初七日申時生

德昌 行一光緒七年十月初五日戌時生

瑞保 行三國學生生於道光二十六年□月

永吉 行一同治二年二月二十九日午時生

三支六世

三支七世

三支八世

□日卒於光緒元年□月□日葬於太平山第十八塋
元配王氏卒於□年□月□日
繼配戢氏卒於□年□月□日
孫氏卒於光緒

三支九世

元配劉氏
子四
長德昌次壽昌次祿昌次會昌

三支十世

元配白氏
子金霖

壽昌
行二光緒□□年□月□日□時生

祿昌
行三光緒十六年二月十四日申時生

三支八世

七年六月□日俱同瑞保合葬
子四
長永吉次永福次永才次永來

三支九世

永福
行二生於同治十年四月二十四日卯

三支十世

元配王氏
子玉霖

會昌
行四光緒二十四年十月十一日丑時生

太昌
光緒十九年十二月二十一日丑時生

三支六世

三支七世

三支八世

三支九世

時卒於光緒二十六年七月二十七日□時葬於太平山弟十八塋

元配馬氏

子太昌

永才

行三同治十一年九月二

三支十世

景昌

光緒二十四年三月初六

十六日申時生

元配歐氏

子景昌

永來

行四同治十三年九月十七日亥時生

元配楊氏

子二

長鳳昌次卯

日亥時生

鳳昌

行一光緒十九年五月十八日卯時生

卯昌

行二光緒二

三支六世

錦泰 又諱鍏
行二
贈騎尉公子生
於□□年□
月□日卒於
□□年□月
□日葬於三
叉河第二十
五塋
元配魏夫人卒
於□年□月
□日
繼配潘夫人卒
於□年□月
□日俱同
錦泰公合葬
子四
長夢齡次鶴
齡次鵬齡次
鵾齡

三支七世

夢齡
行一生於□
□年□月□
日卒於□□
年□月□日
葬於三叉河
第二十五塋
元配穆氏卒於
□年□月□
日
繼配萬氏卒於
□年□月□
日俱同夢齡
合葬
子二
長羣保次連
保

三支八世

羣保
行一生於□
□年□月□
日卒於□□
年□月□日
葬於三叉河
第二十五塋
元配楊氏
子海魁

連保
行二咸豐二
年十一月十
六日午時生
元配嚴氏卒於
□年□月□
日葬於□處
子五
長永德次永

三支九世

昌

海魁
行一光緒九
年二月二十
七日□時生
元配楊氏

富祿
行二光緒□

□年□月□
日□時生

永德
行一同治十
年八月初八
日戌時生
元配嚴氏卒於
□年□月□
日葬於□處

永魁

三支十世

十七年十一
月初七日辰
時生

魁次永林次永滿次永祿

行二同治十二年二月初八日□時生
元配焦氏

永林
行三光緒九年十二月初三日酉時生
元配張氏

永滿

三支六世

三支七世

三支八世

三支九世

三支十世

行四光緒十一年正月二十八日丑時生

永祿
行五光緒十四年三月三十日未時生

鶴齡
行二生於□

三支六世

三支七世

□年□月□日卒於□□年□月□日葬於□處

鵬齡 行三生於□□年□月□日卒於□□年□月□日葬於三叉河第二十五塋

三支八世

千保 生於□□年□月□日卒於□□年□月□日葬於三叉河第二十五塋

三支九世

永發 又名留福 行一生於□□年□月□日卒於□□年□月□日葬於三叉河第二十五塋

三支十世

長林 行一光緒十五年十二月初十日子時生

玉林

元配錢氏卒於□年□月□日同鵬齡合葬

子千保

元配楊氏

子二

長永發次根福

元配吳氏卒於□年□月□日與永發合葬

子二

長長林次玉林

根福 行二同治十三年五月初九月未時生

行二光緒十九年十一月二十日午時生

喜林 行一光緒十五年七月初三日子時生

三支六世

三支七世

三支八世

三支九世

元配錢氏 子四長喜林次雙林次五林次太林

三支十世

元配焦氏

雙林 行二光緒二十年正月二十五日午時生

五林 行三光緒二十六年九月二十四日子時生

太林 行四光緒三十三年九月十六日丑時生

祿林 行一光緒十一年九月十三日子時生

三支六世

三支七世

鵾齡 行四生於□□年□月□日卒於□□

三支八世

萬保 行一生於□□年□月□日卒於□□

三支九世

永全 行一同治元年十一月初九日子時生

三支六世

三支七世

三支八世

三支九世

元配何氏

子四長壽林次雙林次五林次太林

三支十世

元配熊氏

雙林

行二光緒二十年正月二十五日午時生

五林

行三光緒二十六年九月二十四日子時生

太林

行四光緒三十三年九月十六日丑時生

鵬齡

行四生歿□□年□月□日卒歿□□

嘉保

行一生歿□□年□月□日卒歿□□

承全

行一同治元年十一月初九日子時生

森林

行一光緒十一年九月十三日子時生

三支六世

三支七世

年□月□日葬於其塔木第二十五塋
元配塔氏卒於□年□月□日同鴟齡合葬
子三
長萬保次俊保次海保

三支八世

年□月□日葬於其塔木第二十五塋
元配王氏
子四
長永全次永安次永恆次永常

三支九世

元配佟氏卒於□年□月□日葬於□處
繼配李氏
子二
長祿林次桂林

永安
行二同治四年二月二十九日丑時生
元配管氏
子二
長恩林次喜林

永恆
行三光緒二年二月二十

三支十世

元配王氏

桂林
行二光緒十三年十一月十八日戌時生
元配關氏

恩林
行一光緒二十八年二月初七日未時生

喜林
行二光緒三十年四月二十五日辰時生

玉林
行一光緒二十九年十一

三支六世

三支七世

三支八世

三支九世

日戌時生
元配蘇氏
子二
長玉林次金
林

永常
行四光緒五
年二月二十

三支十世

月二十六日
丑時生

金林
行二光緒三
十三年五月
十一日寅時
生

俊保
行二道光二
十四年七月
十八日午時
生
元配嚴氏
子四
長永伏次永
寬次永滿次

九日戌時生
元配江氏

永伏
行一同治九
年六月二十
日子時生
元配李氏卒於
□年□月□
日葬於□處
繼配石氏

三支六世

三支七世

三支八世

永良

三支九世

永寬
行二同治十一年二月十五日子時
元配吳氏
子五
長金昌次貴昌次奎昌次會昌次羣昌

三支十世

金昌
行一□□年□月□日生

貴昌
行二□□年□月□日生

奎昌
行三□□年

月□日生

會昌
行四□□年□月□日生

羣昌
行五□□年□月□日生

寶昌
光緒三十年

永滿
行三光緒三

三支六世

三支七世

三支八世

三支九世

年四月初一日巳時生 元配嚴氏 子寶昌

永良 又名慶雲 行四光緒九年十月十五日巳時生軍功五品頂戴 元配戢氏 子瑞昌

三支十世

九月十七日戊時生

瑞昌 光緒三十四年二月初十日亥時生

三支八世

海保 行三咸豐四年八月十四日午時生 元配李氏 子二 長永慶次雙慶

三支九世

永慶 行一光緒元年四月初八日丑時生 元配韓氏 子二 長大石次二石

三支十世

大石 行一光緒二十三年二月十五日戌時生

二石 行二光緒二十八年二月初八日午時生

世系		
三支六世	**榮泰** 又諱鎬 行三字保卿 贈騎尉公子烏 拉總管衙門 六品驍騎校	贈中憲大夫 公廣顙微鬚長 身鶴立秉性 方嚴不附顯 貴生平重然 諾好施予同 治丙寅丁卯 間吉林土匪 倡亂保全桑 梓 公力為多而於 敦宗睦族尤
三支七世	**多祿** 原名恩齡 字竹山光緒 乙酉科拔貢 花翎黑龍江 綏化府知府	同治二年十 二月初八日 亥時生 元配孟蘇哩氏 卒於光緒二 十三年十月 十一日辰時 權厝瓦房西 阡 繼配他他拉氏 子五 長璽葆次霙
三支八世	**璽葆** 行一字玉初 國學生光緒 八年八月初 三日丑時生	元配關氏 子永康 **霙葆** 行二字雪岑 國學生光緒 十五年正月 十七日子時 生 元配馬氏 **蔭葆**
三支九世	**雙慶** 行二光緒十 五年十二月 十六日子時 生 **永康** 光緒二十九 年□月□日 生	
三支十世		

三支六世

為注意以故人無遠邇族無親疏莫不感稱三先生三先生不置云解組後以詩酒自娛尤喜引援後進一時名士俱樂趨附焉生於嘉慶二十五年十二月二十七日丑時卒於光緒十三年五月十六日寅時葬於瓦房西嶺第二十四塋

元配關夫人卒於咸豐六年二月□日□時

繼配瓜爾佳夫

三支七世

蓀次蔭蓀次櫺蓀次通蓀

三支八世

行三字雨叔光緒十七年二月二十一日寅時生

橒蓀

行四字季雲光緒二十年二月初七日丑時生

通蓀

行五光緒二十八年十月二十七日申時生

三支九世

三支十世

三支六世

清泰 又諱錦

人卒於光緒二十八年五月二十五日申時俱同中憲公合葬

子多祿

行一字文漢可名公子國學生生於□□年□月□日卒於□□年□月□日葬於其塔木第四塋

元配楊夫人卒於□年□月□日

繼配王夫人卒於□年□月□日俱同文漢公合葬

子三

三支七世

椿齡 又諱丁壯

行一生於□□年□月□日卒於□□年□月□日葬於其塔木第四塋

元配趙氏卒於□年□月□日

繼配王氏趙氏戢氏周氏卒於□年□月□日俱同椿齡合葬

無嗣以榮保子永魁為孫

三支八世

三支九世

永魁

榮保次子繼椿齡為孫同治二年六月初十日□時生

元配卜氏

子三

長金常次銀常次滿常

三支十世

金常

行一光緒十一年五月二十九日午時生

銀常

行二光緒十六年七月十六日戌時生

滿常

行三光緒三十三年五月初二日戌時生

三支六世

長椿齡次桂齡次槐齡

三支七世

桂齡 又諱丁重

行二生於□□年□月□日卒於□□年□月□日葬於其塔木第四塋

元配徐氏卒於□年□月□日同桂齡合葬

子榮保

槐齡 又諱丁全

行三字壽山生於□□年

三支八世

榮保

國學生生於道光二十三年二月二十日卒於光緒□□年□月□日葬於瓦房嶺東第十六塋

元配吳氏卒於□年□月□日同榮保合葬

子三長永貴次永魁繼椿齡為嗣次永和

慶保

行一生於道光□□年□

三支九世

永貴

行一咸豐十年四月十二日戌時生

元配焦氏卒於光緒□年□月□日葬於瓦房嶺東第十六塋

子恩常

永和

行三光緒七年八月初二日戌時生

元配戢氏

繼航

行一存保長子繼慶保為

三支十世

恩常

光緒七年九月十四日□時生

元配焦氏

福昌

行一光緒二十二年九月

三支六世

三支七世

□月□日卒於光緒十八年四月初一日申時葬於太平山南弟十四塋
元配王氏卒於□年□月□日
繼配趙氏卒於□年□月□日俱同壽山

三支八世

月□日卒於同治七年三月二十五日葬於太平山南弟十四塋
元配楊氏卒於光緒二十六年十二月十九日巳時同慶保合葬
無嗣以弟存保子為嗣

三支九世

嗣同治十二年三月初六日酉時生
元配劉氏卒於□年□月□日葬於□處
子二
長福昌次壽昌

三支十世

初八日申時生

壽昌
行二光緒二十七年九月二十七日申時生

三支六世

三支七世

合葬
子二
長慶保次存保

三支八世

存保
行二咸豐五年正月初七日巳時生
元配嚴氏
子三
長繼航出繼慶保為嗣次繼富次繼榮

三支九世

繼富
行二光緒元年九月初五日午時生
元配管氏卒於□年□月□日
繼配周氏

繼榮

三支十世

三支六世

和泰 又諱鉅

行一可名公子生於□□年□月□日卒於□□年□月□日葬於其塔木第四塋元配潘夫人卒於□年□月□日同和泰公合葬子柏齡

長泰 又諱錡

行三可名公子生於□□年□月□日卒於□

三支七世

柏齡 又諱雙喜

生於□□年□月□日卒於□□年□月□日葬於其塔木第四塋元配劉氏卒於□年□月□日同柏齡合葬子根保

三支八世

根保

生於咸豐九年四月初六日寅時卒於光緒三十一年正月十九日□時葬於□處元配楊氏子二長永祥次鳳祥

三支九世

行三光緒十四年十一月初八日辰時生

永祥

行一光緒□□年九月二十四日亥時生元配趙氏

鳳祥

行二光緒十九年九月初一日亥時生

三支十世

□年□月□日葬於其塔木弟五塋
元配張夫人卒於□年□月□日同
長泰公合葬
無嗣

安泰 又諱鑄
行一
可昌公子生於

三支六世

三支七世

三支八世

三支九世

三支十世

□□年□月□日卒於□□年□月□日葬於其塔木弟五塋
元配塔夫人卒於□年□月□日同
安泰公合葬
無嗣

景泰 又諱鎧

松齡

長保

永海

三支六世

行二

可昌公子生於□□年□月□日卒於□□年□月□日葬於其塔木第四塋

元配杜夫人卒於□年□月□日同景泰公合葬

子四

長松齡次楊齡次樹齡次木齡

三支七世

行一生於□□年□月□日卒於□□年□月□日葬於其塔木第四塋

元配杜氏卒於□年□月□日同松齡合葬

子長保

楊齡

行二生於□□年□月□日卒於□□年□月□日葬於其塔木第四塋

樹齡

行三生於□□年□月□

三支八世

道光二十一年六月初三日未時生

元配蕭氏卒於□年□月□日葬於□處

子二

長永海次富海

銀合

□□年□月□日生

三支九世

行一光緒□年□月□日生

富海

行二光緒九年十月初六日□時生

三支十世

三支六世

佟泰 又諱鋒
行三
可昌公子生於
□□年□月
□日卒於□
□年□月□

三支七世

日卒於□□
年□月□日
葬於其塔木
第四塋
元配毛氏卒於
□年□月□
日同樹齡合
葬
子銀合

木齡 又諱雙壽
行四生於□

□年□月□
日卒於□□
年□月□日
葬於其塔木
第四塋

壽齡 又諱允興額
行一生於□
□年□月□
日卒於□□
年□月□日
葬於其塔木

三支八世

桂保
行一字馨山
以光緒初從
征伊犂積功
保至花翎防
禦擬入協領

三支九世

永常
光緒十一年
七月初二日
辰時生
元配趙氏

三支十世

三支六世

日葬於其塔木第七塋元配戢夫人卒於□年□月□日同佟泰公合葬子四長壽齡次清齡次山齡次川齡

三支七世

第七塋元配張氏卒於□年□月□日繼配石氏卒於□年□月□日俱同壽齡合葬子四長桂保次昆保次明保次恩保

三支八世

衙門正黃旗道光二十一年三月二十八日丑時生元配劉氏子永常

昆保

行二六品軍功生於□□年□月□日卒於□□年□月□日葬於□處元配王氏卒於□年□月□日葬於□處

明保

行三生於□□年□月□日卒於□□年□月□日葬於□處

三支九世

三支十世

三支六世

三支七世

三支八世

恩保

行四生於□□年□月□□日卒於□□年□月□日葬於□處元配鄭氏卒於□年□月□日葬於□處子長慶

三支九世

長慶

光緒二十一年五月十四日卯時生

三支十世

三支六世

三支七世

清齡

行二生於□□年□月□日卒於□□年□月□日葬於其塔木第七塋元配吳氏卒於□年□月□日同清齡合葬

三支八世

春保

行一咸豐四年正月十五日亥時生元配楊氏子三長永平次永忠次永清

三支九世

永平

光緒五年正月十九日亥時生

永忠

行二光緒十四年三月初五日未時生

永清

三支十世

世	右頁	左頁
三支六世		
三支七世	子四長春保次奎保次官保次文保	
三支八世	**奎保** 行二生於□□年□月□日卒於□□年□月□日葬於□處	**官保** 行三生於□□年□月□日卒於□□年□月□日葬於□處 **文保** 行四七品頂戴同治四年十二月初七
三支九世	行三光緒二十三年正月初八日子時生	
三支十世		

三支六世

三支七世

山齡 行三生於□□年□月□日卒於□□年□月□日葬於其塔木第七塋 元配閔氏卒於□年□月□日同山齡合葬 子二 長從保次祿保

三支八世

日生

從保 行一生於□□年□月□日卒於□□年□月□日葬於□處 元配鄔氏卒於□年□月□日葬於□處 無嗣

祿保 行二生於道光二十九年四月二十七日未時卒於光緒二十三年十月初九日未時葬於其塔木第七塋 元配杜氏

三支九世

容山 行一光緒三年十二月二十六日戌時生 元配關氏卒於光緒三十四年六月十三日辰時 繼配石氏 子奎林

三支十世

奎林 光緒□年三月初一日寅時生

三支六世

三支七世

三支八世

子三長容山次富山次昌山

三支九世

富山

行二光緒六年七月十六日戌時生元配楊氏子全林

昌山

行三光緒十八年六月十一日午時生

三支十世

全林

光緒二十九年十月十八日亥時生

川齡

行四生於□□年□月□日卒於□□年□月□日葬於其塔木第七塋元配趙氏卒於□年□月□日繼配戢氏

喜保

行一同治二年三月初六日子時生元配劉氏子二長雙山次玉山

雙山

行一光緒二十九年閏五月十六日酉時生

玉山

行二光緒三十三年九月十七日寅時生

世系			
三支六世			
三支七世	子五長喜保次順保次德保次興保次全保		
三支八世	**順保** 行二同治四年十一月十九日子時生 元配趙氏 子祥山	**德保** 行三生於□□年□月□日卒於□□年□月□日葬於□處	**興保** 行四同治十一年十月十二日戌時生 元配馬氏 子二長金山次寶山
三支九世	**祥山** 光緒二十三年七月二十七日子時生	**金山** 行一光緒三十一年四月二十日戌時生	**寶山** 行二光緒三十四年五月
三支十世			

三支六世

存泰 又諱鉞

行四

可昌公子生於□□年□月□日卒於□□年□月□日葬於其塔木第五塋

元配楊夫人卒於□年□月□日同存泰公合葬

子二長恩生次恩起

三支七世

恩生

行一生於□□年□月□日卒於□□年□月□日葬於□處

元配温氏卒於□年□月□日葬於□處

子五長承羣次羣保次萊保次春虎次春山

三支八世

全保

行五光緒八年十一月初三日丑時生

元配廖氏

承羣

行一同治六年十二月十一日亥時生

元配劉氏

子四長喜春次雙喜次慶春次玉春

三支九世

初三日辰時生

喜春

行一光緒十三年十二月二十日未時生

元配張氏

子福昌

雙喜

行二光緒十九年十二月初二日□時生

慶春

行三光緒二十八年二月

三支十世

福昌

光緒二十六年三月二十七日亥時生

三支六世

三支七世

三支八世

羣保 行二生於□□年□月□日卒於□□年□月□日葬於□處元配關氏卒於□年□月□日葬於□處無嗣

萊保 行三光緒二年十月初九日巳時生

三支九世

初七日辰時生

玉春 行四光緒三十一年三月十一日巳時生

合春 行一光緒二十四年三月二十九日未

三支十世

三支六世

三支七世

三支八世

春虎

元配關氏子二長合春次富春

行四光緒七年十二月十四日未時生

三支九世

時生

富春

行二光緒三十一年三月十二日酉時生

貴喜

光緒三十年二月初六日申時生

三支十世

恩起

行二生於□□年□月□日卒於□□

春山

元配高氏子貴喜

行五光緒十一年□月□日生

日葬於其塔
木第五塋
元配關夫人卒
於□年□月
□日同
錨公合葬
子三
長根齡次喜
柱次赶柱

第二十三塋
元配劉氏卒於
□年□月□
日同根齡合
葬
無嗣以萬齡
子瑭爲嗣

於□□年□
月□日□時
葬於大窩堡
第二十三塋
元配譚氏卒於
□年□月□
日
繼配楊氏卒於
□年□月□
日俱同瑭合
葬
子同海

三支六世

三支七世

三支八世

三支九世

三支十世

喜柱

行二生於□
□年□月□
日卒於□□
年□月□日
葬於□處

赶柱

行三生於□
□年□月□
日卒於□□

三支六世
三支七世
三支八世
三支九世
三支十世

鏻
行一
可廣公子生於□□年□月□日卒於□□年□月□日葬於其塔木弟五塋
元配戕夫人卒

年□月□日
葬於□處

萬齡
生於□□年□月□日卒於□□年□月□日葬於其塔木弟五塋
元配趙氏卒於□年□月□

琢 又名石頭
行一生於□□年□月□日卒於□□年□月□日葬於其塔木弟五塋
元配王氏
子二

連海
行一光緒七年五月十七日未時生
元配史氏

常海
行二光緒九年十一月二

於□年□月□日同鏻公合葬
子萬齡

鍴
行二
可廣公子生於□□年□月□日卒於□□年□月□

日同萬齡合葬
子二
長琢次瑭出繼根齡為嗣

根齡
行一生於□□年□月□日卒於□□年□月□日葬於大窩堡

長連海次常海

瑭 又名小保
萬齡子繼根齡為嗣行二生於道光三十年七月十七日□時卒

十四日戌時生

同海
光緒九年七月十一日□時生
元配景氏
子常順

常順
光緒三十年四月十三日戌時生

三支六世

鏞 行三 可廣公子生於□□年□月□日卒於□年□月□日葬於其塔木第五塋 元配廖夫人卒於□年□月□日 子二 長玉柱次福全

三支七世

年□月□日葬於□處

玉柱 又諱玉齡 行一生於□□年□月□日卒於□□年□月□日葬於大窩堡第二十三塋 元配劉氏卒於□年□月□日 子三 長來喜次英喜次雙喜

三支八世

來喜 行一同治七年八月二十一日子時生

英喜 行二同治十年三月初八日寅時生 元配毛氏 子三 長常海次常山次常桂

雙喜

三支九世

常海 行一光緒□年□月□日生

常山 行二光緒□年□月□日生

常桂 行三光緒□年□月□日生

三支十世

三支六世

三支七世

福全

行二□□年□月□日□時生

元配毛氏卒於□年□月□日葬於其塔木第五塋

子四長金喜次德喜次常喜次明喜

三支八世

行三光緒四年七月二十五日戌時生

金喜

行一同治□年五月二十五日子時生

德喜

行二光緒四年七月十三日未時生

元配王氏

常喜

行三光緒□□年□月□日生

明喜

行四光緒十八年七月十二日戌時生

三支九世

三支十世

三支十一世

慶霖 行一恩昌子光緒十八年四月初三日戌時生

景霖 行二恩昌子光緒二十五

年九月二十日寅時生

福霖 喜昌子光緒十五年九月初五日亥時生 元配趙氏

奎霖 吉昌子光緒

二十七年正月十五日丑時生

金霖

德昌子光緒三十三年八月十六日子時生

玉霖

祿昌子光緒三十三年十二月十一日寅時生

三支十一世

吉林成氏家譜卷第二

寅時生

二月十一日

三十三年十

三支十一世

祿昌子光緒

玉霖

緒生

月十六日子

三十三年八

錫昌子光緒

金霖

緒生

月十五日生

二十七年五